# THE Golden Tarot

**골든 타로**
비스콘티-스포르자 덱

## THE VISCONTI-SFORZA DECK

XC
OCCULT

# The Golden Tarot

© 2013 Quarto Publishing Group USA Inc.

© 2013 by The Book Shop, Ltd.

First published in 2013 by Race Point Publishing, an imprint of The Quarto Group,

142 West 36th Street 4th Floor, New York, NY 10018, USA

This 2013 edition published by Race Point Publishing by arrangement with

The Book Shop, Ltd.

Korean translation copyright © Bookdream 2021

This edition is published by arrangement with Quarto Publishing Group USA Inc.

through KidsMind Agency, Korea.

All rights reserved.

초판 1쇄 발행 2021년 9월 28일 | 지은이 메리 패커드 | 옮긴이 진예지

펴낸이 이수정 | 펴낸곳 북드림 | 기획 및 진행 신정진, 진수지, 권수신 | 마케팅 이운섭

등록 제2020-000127호 | 주소 서울시 송파구 오금로 58, 916호(신천동, 잠실 아이스페이스)

전화 02-463-6613 | 팩스 070-5110-1274 | 도서 문의 및 출간 제안 suzie30@hanmail.net

오컬트는 도서출판 북드림의 초심리학 전문 브랜드입니다.

# Contents

# 추천사

게임용 카드는 14세기부터 유럽에서 존재해 왔다. 최초의 카드는
네 개의 슈트로 구성되었고, 현대의 카드처럼 각각의 슈트마다
숫자 카드 열 장과 인물 카드 세 장이 세트를 이루고 있다. 다만
네 개의 슈트는 현대 카드와 달리 동전, 컵, 검, 장대로 이루어져 있다.
르네상스 시대의 이탈리아에서 1410년과 1442년 사이에 네 명의 여왕
카드와 신비하고 불가사의한 형상들의 행렬이 다섯 번째 슈트로 덱에
추가되었고, 이렇게 타로가 탄생했다.

18세기 후반이 지나서 밀교 숭배자들은 타로를 그들의 마술 도구로
삼았으며 자신들이 주장하는 개념의 정통성을 증명하기 위해 수많은
자극적인 고대의 이야기를 타로 덱에 연관 지었다. 고대 이집트에서
카발리스트(유대교 신비주의)가 들었다거나, 신비로운 현자 헤르메스
트리스메기스투스의 인도를 받은 이집트의 제사장이 만들었다는 기원을
덧붙인 것이다. 밀교 숭배자들의 모든 식견이 다 틀렸다는 것은 아니지만,
이런 류의 주장들은 사실이 아니며 잘못된 그들의 주장은 덱 안에 보존되어
있는 신비한 유산을 제대로 파악하는 것을 방해하기도 했다.

타로의 진정한 전통을 이해할 수 있는 가장 올바른 방법은
현존하는 가장 오래된 카드를 고찰해 보는 것이다. 초기의 모든 카드는
당대의 예술가들이 귀족의 후원을 받아 완성해 낸 미니어처 예술
작품이었으며, 두터운 종이 위에 아름다운 그림과 금박으로 화려하게
꾸며졌다. 이때 15개의 덱이 이탈리아 밀라노의 세력가인 비스콘티 가문에

의해 만들어졌는데, 안타깝게도 모든 덱의 카드가 온전히 남아 있지 않다. 그중의 하나인 비스콘티-스포르자 덱은 초기 덱 중에 가장 완벽히 보존된 타로 카드이다. 이 덱에서 처음으로 바보(Fool) 카드가 등장하며, 오늘날 카드의 표준이라 할 수 있는 21장의 카드 중 19장을 볼 수 있다. [악마(Devil) 카드와 탑(Tower) 카드가 유실된 것으로 추정된다.]

한때는 '마르세유 타로'라고 알려진 프랑스 타로 덱이 타로 카드의 원형처럼 여겨졌는데, 1499년 프랑스의 루이 12세가 밀라노를 정복한 이후 비스콘티-스포르자 덱이 변형되어 탄생한 마르세유 타로를 훗날 밀교도들이 발견해 표준으로 삼았기 때문이다.

메리 패커드는 『골든 타로』로 현대의 독자들에게 비스콘티-스포르자 덱을 다시 훌륭하게 소개한다. 그녀는 타로 카드의 역사와 상징에 대한 통찰력을 부여하며 카드의 진가를 설명하고 유용성을 담보해 내었다. 이 책은 타로 카드가 시간을 초월한 신비한 철학을 담은, 잃어버리면 안 되는 귀중한 유산임을 다시 한번 깨닫게 해준다.

로버트 M. 플레이스

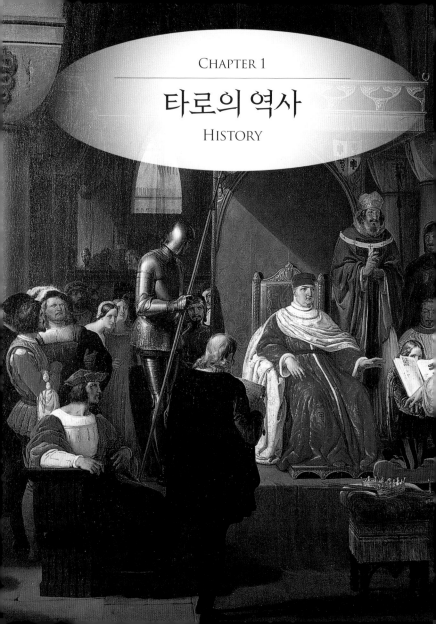

# CHAPTER 1

# 타로의 역사

## HISTORY

1400년대 중반, 부유하고 권력 있는 이탈리아 밀라노의 귀족들은 생일, 결혼 등의 기념일을 어떤 방법으로 축하했을까? 당시에는 초상화가 세련된 기념품이었다. 파티는 즐겁지만 너무 빨리 끝난다. 오래 남으면서 독창적이며, 상당한 재력과 걸출한 사회적 명망을 갖춰야만 마련할 수 있는 무엇인가를 찾는 그들에게 카드 덱card decks은 욕구를 충족시키기에 안성맞춤이었다. 재능 있는 예술가에게 의뢰해 자신들의 모습을 담은 카드를 그리는 것이 새로운 유행이 되어 중대한 행사를 맞은 귀족들이 자신의 높은 지위를 과시하기 위한 독창적인 방법으로 활용되었다.

이런 카드에는 의뢰인의 가족 구성원이 가장 멋진 의상을 차려입고 미리 정해 놓은 정교한 포즈를 취한 모습으로 그려졌다. 후세 사람들은 이 카드들을 통해 당시 귀족들의 호화스런 삶의 편린을 엿볼 수 있었다. 가장 오래되고 잘 보존된 카드 덱은 밀라노의 지배자였던 비스콘티-스포르자 가문의 의뢰로 제작된 것이다.

**앞쪽 그림** 19세기 프란체스코 헤이즈(Francesco Hayes)의 작품. 밀라노 대공 필리포 마리아 비스콘티(Filippo Maria Visconti)가 아라곤과 나바라의 왕에게 왕권을 복권해 주는 장면을 담고 있다.

## 가족 관계 FAMILY TIES

필리포 마리아 비스콘티 대공은 이탈리아에서 가장 부유한
사람으로 여겨졌지만 그의 삶이 늘 평탄했던 것은 아니다.
15세기의 이탈리아는 많은 도시에서 교전(交戰)이 수시로 벌어졌기에
평화로움과는 거리가 멀었다. 필리포 마리아 비스콘티 대공 역시
다른 귀족들과 마찬가지로 침략자들이 자신의 영지에 쳐들어와
가족과 재산을 위협할지 모른다는 불안감을 안은 채 끊임없이 경계
태세를 취해야 했다[1].

비스콘티 대공에게 후사가 없는 것도 문제였다. 여러 번 결혼을
했지만 후계자를 생산하지 못했다. 1425년, 마침내 딸이 태어나자
그는 미친 듯이 기뻐했다. 그 아이가 아들이 아니며 혼외자라는
사실조차 그의 기쁨을 방해하지 못했다. 그는 딸에게 비앙카
마리아Bianca Maria라는 이름을 지어주었다. 외동딸을 지극히 사랑한
비스콘티 대공은 딸에게 라틴어 고전, 음악, 예술, 과학, 수학 등을
포함한 최상의 교육을 받게 했으며, 딸과 함께 사냥과 승마를 즐겼다.

---

주1 중세 시대에는 귀족들 사이에 성이나 요새를 빼앗기 위하여 벌이는 싸움인 '공성전'이 자주
일어났다.

# 재력을 갖춘 군인들 SOLDIERS OF FORTUNE

스포르자 가문의 창시자인 무치오 아텐돌로_Muzio Attendolo는 부유한
농가의 자손이었다. 하지만 시골 생활이 맞지 않았던 그는 어린
나이에 콘도티에리_condottierri(용병대장)를 따라 용병 훈련을 받기 위해
집을 떠났다. 당시는 침략자들에게 맞서 왕국이나 공국을 방어하기
위해 용병을 고용하는 게 일반적이었다.

아텐돌로는 이탈리아어로 '힘'을 의미하는 스포르자_Sforza라는
별칭을 얻을 만큼 병술에 뛰어났다. 이를 계기로 스포르자 가문을
세운 아텐돌로는 얼마 후 자신의 용병 부대를 만들었다. 1424년
아텐돌로가 사망한 후 그의 아들 프란체스코_Francesco가 지휘권을
이어받았으며, 이 용병 부대는 프란체스코 휘하에서 이탈리아 최강이
되었다. 이때부터 프란체스코는 자신의 성을 스포르자라고 명명했다.

필리포 마리아 비스콘티 대공은 베네치아인들에게 침략을 받자
프란체스코 스포르자를 불러 군대를 이끌게 했다. 당시 귀족들
사이에는 결혼을 통해 세력을 공고히 하고 힘을 확장하는 것이
관습이었다. 비스콘티 대공도 프란체스코 스포르자에게 무공(武功)
보상으로 딸 비앙카 마리아를 넘겨주었으며 두 사람의 결혼식은
1441년 10월 25일에 거행되었다.

---

**오른쪽 그림** 프란체스코 스포르자와 비앙카 마리아 비스콘티의 결혼식.

## 기념 카드 ANNIVERSARY CARDS

비스콘티 대공이 죽고 나서 밀라노 공국이 순조롭게 프란체스코
스포르자에게 넘어간 것은 아니다. 스포르자는 반대 세력에 맞서
전투를 치르며 복잡한 승계 절차를 거쳐야 했다. 반대 세력은
스포르자의 상대가 되지 못했고, 1450년 그는 밀라노 공국을
손에 넣을 수 있었다.

자식을 많이 낳은 걸로 미루어, 비스콘티 가문과 스포르자 가문의
결혼은 성공적이었던 것으로 보인다. 아내 비앙카 마리아는
병원과 교회는 물론이고 예술을 후원하는 데도 적극적이었다.
1448년에 침략자들이 맹공격을 펼치자 그녀는 스스로 갑옷을
입고 전투에 참가하였다. 이에 그녀의 인기는 전설적일 정도였고
'여전사'라는 별명을 얻었다.

1451년 결혼 10주년을 맞아 프란체스코 스포르자는 보니파시오
벰보Bonifacio Bembo라는 유명한 화가를 고용해 부부를 위한 카드 덱을
만들게 하였다. 이 카드 덱에는 15세기 중반의 전형적인 의상을
입은 프란체스코 스포르자와 비앙카 마리아 비스콘티 커플의
모습이 함께, 또는 각자 그려졌다.

카드에 그려진 섬세하고 연약한 소녀의 모습과 전설적인
'여전사' 비앙카 마리아 사이에는 극명한 차이가 있다. 이는
군대로부터 약탈당할 위험이 없는, 평화로운 순간에 대한
갈망을 세련되게 표현한 것이다.

# 이탈리아 행렬 ITALIAN PAGEANTRY

비스콘티-스포르자의 카드 덱을 만드는 데 영향을 끼친
중요한 전통 중 하나는 대중에게 인기 있던 개선식(凱旋式)
행렬이다. 예로부터 고대 로마에서는 승리를 거둔 장수가
개선하면 이를 축하하는 승전 퍼레이드를 펼쳤다. 로마의
개선식에서는 군대의 중요도에 따라 덜 중요한 집단이 앞에
서고 더 우월한 집단이 그 뒤를 따랐다. 참가자들 중 가장
지위가 낮은 죄수들이 행렬의 선두에 선다. 바로 뒤에는
죄수들의 포획자가 서고, 이어서 그들의 상관이 뒤따르며,
행렬의 마지막에는 엄청난 환호와 함께 개선장군이 등장한다.

수세기 후 로마의 개선식에서 군사적인 특징은 퇴색하였고
화려한 볼거리가 가득한 종교적인 퍼레이드로 대체되었다.
중세에는 토스카나의 좁은 길을 당나귀가 끄는 성물을 가득
실은 수레가 지나가고 그 뒤를 성직자들이 따르는 행렬이
특별한 일이 아니었다.

호사스러운 옷을 입은 성직자들은
화려하게 치장한 악사들이 연주하는
전례용 음악에 맞춰 엄숙하게 걸었다.

연인들(Lovers) 카드에 그려진 두 사람은 프란체스코
스포르자와 비앙카 마리아 비스콘티로 보인다.

고전적인 모든 것을 새롭게 인식하는 시기라 하여 '재탄생'이라 불린 르네상스 초기의 종교적인 행렬은 로마 개선식보다 발전된 양식으로, 점차 흥겹고 세속적인 퍼레이드로 변화해 갔다.

이름난 영웅과 악인(惡人)들의 형상을 가득 태운 번쩍이는 마차와 함께 가수와 무용수를 비롯해 형형색색으로 단장한 공연 예술가들이 등장했다. 오늘날의 마디 그라Mardi Gras(참회의 화요일. 사순절에 들어가기 전날, 즉 '재의 수요일' 전 화요일을 말한다) 축제와 사실상 비슷한 이 개선 행렬은 결혼식, 장례식, 주요 명절 등 다양한 행사 때 거행되었는데 그 시대의 주류 예술가들에게 행렬의 지휘를 비롯해 화려한 의상과 호사스러운 수레 디자인을 맡겼다. 이 축제에 사용된 다양한 르네상스의 양식적 요소가 비스콘티-스포르자 타로 카드에 그려진 장면들과 의상에 반영되었다.

르네상스의 개선 퍼레이드에는 플라톤의 덕목을 표현하는 연기자들이 등장하기도 했다. 기존 개선식의 복잡한 위계질서에 우화적인 주제를 결합한 것인데, 가장행렬을 통해 플라톤의 중요한 덕목들을 순차적으로 표현했다.

르네상스 시대의 예술과 문학에서도 전통적인 주제들의 유행이 반복되었다. 플라톤의 가장 중요한 네 가지 덕목—지혜, 정의, 용기, 절제—을 묘사한 그림은 예술가들에게 인기 있는 주제였다. 당시의 작가들과 시인들에게도 선이 마침내 악(Evil)을 이긴다는 덕목은 인기 있는 이야깃거리였다.

단테의 『신곡(Divine Comedy)』과 페트라르카의 6부작 시 〈개선(이 트리옹피 l Trionfi)〉에 등장하는 인물들은 서민 계층을 포함한 모두에게 친숙했을 것이다.

〈개선〉에서 페트라르카는 첫사랑인 로라라는 이름의 아름다운 아가씨를 만났던 장소로 돌아온 젊은 청년에 대해 묘사한다. 나무 밑에서 잠이 드는데 그때 개선식 차림으로 삶에 대한 꿈을 꾼다. 인간은 젊었을 때 사랑의 포로가 된다. 나이가 들면서 정절이 사랑을 이긴다. 죽음은 정절을 이기고, 명예는 그 사람의 이름을 남김으로써 죽음을 이긴다. 하지만 명예도 시간을 이길 수는 없다. 시간이 지나면 명예도 잊히기 때문이다. 따라서 오직 영생이란 형태의 영원만이 시간을 정복할 수 있다.

그 시대의 화가들과 작가들이 만든 친숙한 이미지와 주제들이 비스콘티-스포르자 카드에 표현된 것은 놀라운 일이 아니다. 카드 게임도 예술품과 같은 문화적 전통 속에서 탄생했기 때문이다.

비스콘티-스포르자 덱의 죽음(Death) 카드.

## 게임 THE GAME

오늘날에는 비스콘티-스포르자 카드가 점을 치는 도구로
인식되지만, 원래는 트라이엄프triumph(개선식)라 불리는 게임을
하기 위한 용도였다. 이 트라이엄프 게임은 브리지 게임의 조상이며,
그 이름은 르네상스 시대의 퍼레이드에서 유래했다.

이 게임을 이탈리아어로 트리옹피[trionfi]라고 불렸는데 여기서 영어의 트럼프[trump]가 파생된 것이다.

트라이엄프 게임용 카드 덱은 78장으로 이루어져 있다. 56장은 동전, 검, 장대, 잔의 4가지 슈트[suit]로 균등히 나누어진다. 다섯 번째 슈트는 21장의 카드와 만능 패(wild card) 역할을 하는 1장의 바보(Fool) 카드로 구성되어 있다. 다른 카드들과 타로[Tarot]라고 불리는 새롭게 고안된 카드를 구분 짓는 것이 바로 이 다섯 번째 슈트이다.

비스콘티-스포르자 카드에 묘사된 이미지들은 르네상스의 주제를 표준화한 것이다. 예를 들면 태양과 달, 용기와 절제의 덕목이 그러하다. 다른 타로 카드에 그려진 그림들은 카드를 만든 예술가와 만들어진 시대 및 장소에 따라 다양했다. 하지만 그림에서 나타나는 차이에도 불구하고 이름이 미묘하게 달라지거나, 여기저기 조금씩 배열이 바뀌기도 했지만 타로 덱들은 서로 닮아 있다.

비스콘티-스포르자 트럼프 카드에는 다른 카드와 달리 번호가 적혀 있지 않다. 하지만 번호가 없어도 여전히 그 가치에 따라 순서대로 배열할 수 있다. 가장 작은 값의 트럼프 카드는 마법사(Magician)이고 가장 높은 값의 카드는 세계(World) 카드이다.

---

**왼쪽 그림** 니콜로 델 아바테(Niccolò dell'Abate)가 그린 16세기 프레스코화. 타로 게임을 즐기고 있는 두 남녀를 그렸다.

## 표현 양식 ELEMENTS OF STYLE

예술가 보니파시오 벰보Bonifacio Bembo는 미니어처 페인팅 경력이
풍부했기에 카드를 아름답게 표현하기에 탁월한 인물이었다.
그가 정교한 핸드 페인팅으로 그린 비스콘티-스포르자 덱의 카드는
하나하나가 작은 걸작이다. 장면마다 청금석과 말라카이트(공작석)
가루를 비롯해 고귀한 광물 가루로 만든 물감과 금박을 아낌없이
사용하였다. 주로 금색, 붉은색, 푸른색으로 칠했으며,
의복과 배경을 정교한 문양으로 장식했다.

일부 카드들은 레오나르도 다 빈치Leonardo da Vinci의 스타일을
떠오르게 한다. 달(오른쪽 그림), 별, 태양, 죽음, 절제 카드를 포함하여
몇몇 비스콘티-스포르자 카드에서 앞쪽 하부의 지반이 떨어져 생긴
깊이를 표현한 것에서 레오나르도
다빈치의 영향을 찾아볼 수 있다.

## 최초의 타로 덱 THE FIRST TAROT DECKS

가장 오래되었다고 알려진 현존하는 열다섯 개의 타로 덱 중 하나인
비스콘티-스포르자 덱은 오늘날까지 잘 보존되어 있다. 74장의 카드
중 26장이 이탈리아 베르가모의 카라라 아카데미에, 35장은 미국
뉴욕의 피어몬트 모건 도서관에 소장되어 있으며, 13장은 베르가모의
한 개인 수집가가 소장하고 있다.

비스콘티-스포르자 덱이 비교적 손상되지 않고 남아 있다는 사실은
이 카드가 많이 사용되지 않았음을 방증한다고도 볼 수 있다. 카드 맨
위에 구멍이 뚫려 있는 것을 볼 때 벽에 걸어 장식용으로 쓰였음을
추측할 수 있다. 한편 카드에 번호가 기재되어 있지 않기 때문에
분실된 네 장—악마(Devil), 탑(Tower), 검(Sword) 슈트의 3(왼쪽 그림),

동전의 기사(Knight of Coins)—의 카드가
일반적인 카드를 기준으로 하는지
여부는 확실히 알 수 없다. 그러나
분실되었을 것이라는 추정 아래 기존의
카드들과 비슷한 스타일로 이 네 장을
재현했다.

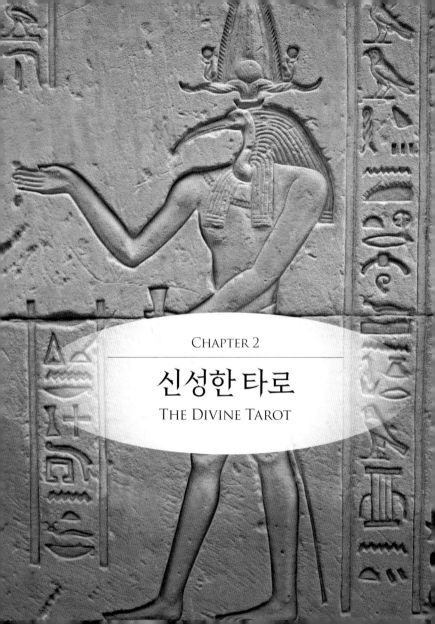

# CHAPTER 2

# 신성한 타로

## THE DIVINE TAROT

"만일 고대 이집트인들의 작품이
오늘날에도 여전히 존재하며, 위대한 도서관에
봉헌된 책들 중 한 권이 화염 속에서 살아남았고
그 책이 흥미로운 학설을 온전히 담고 있다는
이야기를 듣는다면 모든 사람이 의심의 여지없이
그 귀중하고 놀라운 책을 알고 싶어 할 것이다."

 18세기 프랑스 작가 앙트안 쿠르 드 제블랭Antoine Court de Gébelin은 위와 같이 서술했다. 그는 처음으로 타로 카드 게임을 해보고 카드의 이미지들에 반해서 그 기원을 설명하는 이론을 만들었다. 제블랭은 고대 이집트의 모든 지혜가 타로 카드를 통해서 자신에게 모습을 드러냈다고 믿었으며 타로 카드의 이미지에서 위대한 마법사 이시스Isis의 상징을

**왼쪽 그림** 이집트의 신 토트.

보았다. 이시스는 부활의 여신이며 모든 것의 어머니이다. 제블랭은
또한 타로 카드의 이미지에서 인간의 행복에 관한 모든 것을 관장하는
자연의 법칙을 발견한 이집트의 신 토트$^{Thoth}$의 메시지를 발견했다.
오래전부터 오컬트$^{occult}$(해명 불가한 초자연적 현상)를 광범위하게 연구한
제블랭은 타로 카드에 나타난 신비로운 고대 비밀들의 편린만 보고도
그 메시지를 알아챌 수 있었다.

제블랭의 이론이 엉뚱한 것만은 아니었다. 그가 사용한 덱은 마르세유
타로라고 불리는 것으로, 당시 유럽에서 인기를 끌며 보편화된 덱이었다.
그는 모든 타로 카드가 15세기 초에 시작되었다고 생각했는데 당시에는
신비주의가 다시 각광받고 있었으므로 카드에 대한 그의 생각은 그러한
관심들을 반영한 것이었다.

제블랭은 자신의 이론을 『Le Monde primitif, analysé et comparé
avec le monde moderne(태고의 세계, 현대 세계와의 비교 분석)』이라는 여덟
권에 이르는 백과사전으로 확장시켰다. 제블랭에게 고대 사회는 인간성의
황금기를 의미했으며, 지적이고 영적으로 어느 문명 사회보다 우월했던
이상화된 문명 사회였다. 이 이상 사회의 시민들은 토트의 숭배자였다.
토트는 우주의 비밀을 풀어내었고 『토트의 서(書)』라고 불리는 책에
오컬트의 지식을 담아 놓았다고 전해진다. 또 『토트의 서』가 이집트의
사제들이 엄중히 지키는 신전에 보관되어 있다는 전설도 있다. 제블랭에
따르면 『토트의 서』에 담긴 비밀을 정제해 타로 이미지에 상징으로
존재하게 만든 사람이 바로 이집트의 사제들이라고 한다.

파리 국립 도서관에
보관된 마르세유 타로
덱 중 네 장의 카드.

제블랭은 타로Tarot라는 단어가 tar(길)와 rho(왕립의)라는 두 개의
이집트어에서 파생되었으며 '지혜에 이르는 왕도(王道)'를 의미한다는
학설을 펼쳤다. 또한 그 이론과 함께 카드들이 이집트 신화와
유사하다는 살을 붙였다. 전차(Chariot) 카드의 의기양양한 인물은
오시리스Osiris 신이며, 악마(Devil) 카드는 파괴의 신 세트Set라고
지목했다. 마침내 제블랭은 타로 카드가 로마인에 의해 유럽에
전해졌으며, 훗날 이들은 집시Gypsies라고 불렸는데 당시 사람들이
이집트Egypt에서 온 이민자들이라고 생각했기 때문이라고 추측했다.

제블랭에게 트럼프 카드는 창조 신화를 판독해 주는 매개체였다.
카드들이 바뀌었다고 확신했던 그는 자신의 이론에 맞는, 그에게는
시간을 상징하는 세계(World) 카드로 시작하는 덱을 주문했다.
제블랭의 덱은 곡예사[Juggler: 마법사(Magician)로 불리기도 한다]로
끝난다. 곡예사는 신성한 원소들을 마구잡이로 배열하고 재배열하며
우리에게 삶이란 운명의 게임에 지나지 않는다는 것을 보여준다. 또한
제블랭은 처음 네 개의 슈트와 자신이 사는 사회를 이루는 네 개의
계급을 대응시켰다. 검(Sword)은 귀족을 나타내고 잔(Cup)은 사제들을,
장대(Baton)는 농부를 상징하며, 동전(Coin)은 상인 계급을 나타낸다고
주장했다.

1800년대 초반에 로제타 스톤Rosetta Stone(나일강 하구의 로제타 마을에서
발굴한 비석 조각으로, 기원전 196년에 열두 살 난 파라오 프톨레마이오스 5세의
즉위를 축하하기 위해 만들었다)이 해독된 이후, 제블랭의 '타로 카드 이집트
기원설'을 증명해 줄 만한 이집트어로 된 기록은 아무것도 없다는 것이

명백해졌다. 그럼에도 불구하고 타로 카드 학문에 있어서 제블랭의 위치는 굳건하다. 그는 타로 카드를 오컬트와 연관 지은 최초의 인물이며, 마르세유 타로 카드가 유희 도구 이상이었음을 깨닫고 미래의 학자들이 직관적인 의미를 위해 카드를 펼칠 수 있는 장을 마련해 주었다.

제블랭과 비슷한 시기에 활동한 장 바티스트 알리에트Jean Baptiste Alliette는 자신만의 타로 이론을 발전시켜 나갔다. 그는 젊은 시절에 종자(種子) 상인으로 일했고 나중에는 고문서 판매상이 된다. 시간이 있을 때마다 부지런히 타로 덱을 연구했고 자신의 이론을 체계적으로 발전시키며 집대성해 나갔다. 알리에트도 제블랭처럼 이집트에서 최초의 타로 덱을 발명했다고 믿었고, 1788년에 '토트의 삶 해석자 협회'라는 타로 협회를 만든다. 그는 또한 점성술과 수비학(數秘學)을 연구했으며 이 둘을 처음으로 타로와 연관 지었다.

르네상스 시대에도 타로 카드가 점성술에 사용된 증거가 있지만 점성술용 타로 덱을 처음 만든 사람은 에틸라로도 알려진 알리에트이다 [그의 성(姓) Alliette를 뒤에서부터 쓰면 Etteilla이다]. 에틸라는 이 밖에도 최초라는 타이틀을 몇 가지 더 갖고 있다. 그는 최초로 타로 카드를 배치하고 해석하는 방법을 다룬 책을 펴냈고, 최초로 점성술용 타로 카드를 개발하여 카르토만시cartomancy(카드 점)라는 단어를 만들었으며, 최초의 전문 타로 리더가 되었다.

FORCE MAJEURE.

FORCE MAJEURE.

14

14

LA PRUDENCE.

LE PEUPLE.

12

12

2.ᵉ Element. 1.ᵉ Création.

ECLAIRCISSEMENT.

FEU.

2.ᵉ Element. 1.ᵉ Création.

2

8

MALADIE.

MALADIE.

15

15

1791년에 에틸라는 그랜드 에틸라Grand Etteilla라는 자신의 타로 덱을 만든다. 이 덱에서 그는 많은 카드의 디자인을 바꾸었고 순서를 다시 정했다. 1부터 78까지 번호를 매겼고 바보(Fool) 카드가 맨 마지막에 오게 했다. 마법사(Magician), 전차(Chariot), 죽음(Death) 같은 일반적인 카드는 물론이고 하늘(Sky), 혼돈(Chaos), 지혜(Prudence), 물고기(Fish) 같은 생소한 카드도 포함시켰다. 에틸라의 모든 카드는 양 끝에 번호가 매겨져 있어서 다양한 키워드에 따라 똑바로 혹은 반대로 카드의 이미지를 놓을 수 있었다. 특정한 카드들은 황도 12궁과 공기, 물, 땅, 불의 네 가지 원소 기호를 담고 있다.

카드 점에 있어서 에틸라는 또 하나의 중요한 공헌을 했다. 그는 타로 카드에서 카드와 그 카드를 둘러싼 다른 카드의 관계에 따라 타로 리딩의 해석에 영향을 끼칠 수 있으며, 이 모든 카드가 하나의 전체를 형성한다고 주장했다. 에틸라의 카드 점에 대한 열정은 한계가 없었다. 때때로 78장의 카드 전부를 사용해서 고안된 가장 큰 타로 스프레드를 만들기도 했다. 에틸라는 이 어마어마한 배열을 '위대한 운명의 형상(Great Figure of Destiny)'이라 불렀다.

---

**왼쪽 그림** 19세기 판 에틸라 타로 덱 중 네 장의 카드.

# CHAPTER 3

# 지혜에 이르는 길
## THE ROAD TO WISDOM

우리는 이제 최초의 게임용 카드가 이집트가 아닌 르네상스 초기인 15세기에 이탈리아 밀라노에서 탄생했다는 것을 알게 되었다. 지적 활동이 왕성했던 이 시기의 특징 중 하나는 풍부한 문화적 다양성과 종교적 전통이 정제되고 하나로 통합되었다는 것이다. 당시 이탈리아는 여러 학파에서 유래한 아이디어들이 흘러 넘쳤고 창의적인 활동의 구심점이었다.

이 장에서는 고대 그리스, 로마, 이집트의 철학을 비롯해 몇 가지 관념의 특징을 간단히 살펴볼 것이다. 타로 점을 위한 특별한 덱이 최초로 만들어진 건 18세기에 이르러서이지만 비스콘티-스포르자 카드의 삽화 속에 드러나 있는 관념들을 살펴보면 이 덱이 단순한 유희용 카드가 아니라는 것은 확실해진다. 비스콘티-스포르자 덱의 풍부한 상징은 우리에게 자아 탐험과 점성술을 위한 이상적인 매개체가 되어줄 것이다.

타로가 이집트에서 유래한 것은 아니지만 타로 카드에서 사용되는 관념 중 일부는 이집트에 기원을 둔다. 그러한 관념들은 신비주의 (Hermeticism) 학파에서 기인한 것으로 오늘날 『헤르메티카<sup>Hermetica</sup>』라고 부르는 고대의 문서에 기록되어 있다.

---

**앞쪽 그림** 1509년에서 1511년 사이에 라파엘(Raphael)이 교황 율리우스 2세(Julius II)를 위해 그린 프레스코화로, 고전 사상에 대한 경외가 잘 드러나 있다.

2~3세기 즈음에 작성된 것으로 알려진『헤르메티카』는 신화적 인물인 토트Thoth에게서 직접 계시를 받았다고 전해지는 여러 저자가 기록한 신화, 철학, 점성술 그리고 마술의 혼합물이다. 한 세기 후 알렉산더Alexander 대왕이 334년에 이집트를 정복한 뒤 그리스는 토트를 자신들의 신으로 채택하고 토트의 이름을 헤르메스 트리스메기스투스Hermes Trismegistus로 바꿨다. 이 사실은 이집트의 신과 연관된 신비주의 철학이 그리스식 이름을 갖게 된 배경을 설명해 준다. 이집트 문서를 보면 토트라는 이름 뒤에는 보통 "위대하고 위대하고 위대하다"라는 구절이 뒤따랐다. 그리스는 헤르메스가 토트와 동일 신이라는 것을 보여주기 위해 헤르메스라는 이름 뒤에 트리스메기스투스Trismegistus라는 말을 덧붙였는데, '세 배로 위대하다(thrice great)'는 뜻이다.

신비주의는 모든 인간의 유한한 몸에는 불멸의 영혼이 갇혀 있다고 믿었고, 죽음을 극복하고 영생을 얻는 법 같은 인간의 본질적인 딜레마의 해답을 추구했다. 신비주의자들은 하늘 왕국에 있는 창조자와 함께하면 불사신이 될 수 있다고 믿었다. 실현되기 힘들어 보이기는 하지만 고대 문서『헤르메티카』에는 불멸을 얻기 위한 방법이 기록되어 있는데, 그것은 종교적이고 마술적인 행위가 포함된 복합적인 명상과 의식들이다.

> "보라, 들으라 그리고 이해하라.
> 삶의 일곱 천체(天體)를 우러러보라.
> 일곱 천체를 통하여 영혼의 추락과
> 승천이 완성되는 것이니."
>
> —『헤르메티카』, 제2권 비전The Vision —

## 비전

『헤르메티카』에 포함된 요소들은 르네상스 시대에 비스콘티-스포르자 타로 덱 이후 마르세유 타로의 예술을 통해 새롭게 표현되었는데 신비주의 사상과 연관된 신화를 살펴보면 이러한 요소들을 구분하는 데 도움이 된다.

『헤르메티카』첫 권에서, 헤르메스는 신성한 계시를 받았고 이 계시를 통해 알아야 할 지식을 전달받았다. 그는 창조자로부터 땅, 공기, 불, 물의 네 가지 원소에 신성한 빛을 비춰 지구와 일곱 개의 행성을 빚었다는 사실을 배웠다. 고대 천문학자들은 태양과 달을 수성, 금성,

화성, 목성과 같은 행성으로 여겼다. 이 일곱 개 행성 모두 다른 별들과 함께 움직이지 않는 지구의 둘레를 돈다고 생각했다.

또한 창조자는 헤르메스에게 최초의 인간이 어떻게 생겨났는지 알려주었다. 신은 자신의 형상을 본떠서 인간을 만들었다고 헤르메스에게 말했다. 최초의 인간은 신의 모습이 반영되었기에 두 개의 성(性)을 다 가지고 있었으며 숨이 멎을 정도로 아름다웠다. 창조자는 최초의 인간이 행성에 내려가는 것을 허락했다. 일곱 행성은 모두 이 존재의 아름다움에 감탄했다. 지구는 최초의 인간과 사랑에 빠져서 육체를 선물하였다. 다른 일곱 행성도 최초의 인간을 온전히 차지하고 싶어 했고, 폭식·교활함·정욕·교만함·무모함·탐욕·거짓 같은 그다지 매력적이지 않은 죄악이라는 선물을 주었다.

태양과 달을 창조하는 신, 1566-1569년, 페데리코 주카로(Federico Zuccaro)

33

## 신비로운 타로

최초의 인간을 온전히 소유하고자 했던 행성들의 소원은 이루어지지 않았다. 창조자는 최초의 인간을 둘로 쪼개서 남자와 여자로 만들었고 지구에서 번식하라는 임무를 내렸다.

운명이 인류에게 죽음이라는 고통을 주었기 때문에 인류는 완벽한 행복을 누릴 수 없었다. 하지만 죽음을 피할 길 없는 하나하나의 육신은 불멸의 영혼을 담고 있었다. 죽은 뒤 신성한 창조자와 함께하기 위해서 영혼은 행성의 사다리를 올라야 하고, 이 여정을 지나며 자신의 죄악을 하나하나 내려놓는다.

이러한 정화(淨化)의 여정은 영혼이 천국에 당도할 때까지 계속된다. 타로 카드의 그림 속 상징을 통해 울려 퍼지는 메아리는 바로 신성함과의 재결합 과정인 이 여행을 나타낸다. 다섯 행성과 태양과 달의 일곱 천체는 숫자 7과 신비주의적 개념이 결합하는 근거가 되었으며, 7개씩 세 그룹으로 나뉘는 21개 타로 카드의 서열에 따른 배열에 반영되었다.

"그리하여 쌓아올려진 일곱 개의 반지를
모두 벗어버리고 영혼은 여덟 번째 천체에
오르게 될지니."

― 헤르메스 트리스메기스투스 ―

마법사(Magician)에서 전차(Chariot)까지 첫 일곱 개는 속세의 인물들을 나타낸다. 정의(Justice)부터 절제(Temperance)까지의 두 번째 그룹은 덕의 수용 및 고난을 통한 정신적인 성장을 그리고 있다. 악마(Devil)에서 세계(World)까지의 세 번째 그룹은 천국 혹은 깨달음에 이르는 영혼의 여정을 나타낸다.[2]

주2 클래식 체계에서는 정의가 8번, 힘이 11번이다. 유니버설 웨이트 같은 모던 체계에서는 8번이 힘, 정의가 11번이다. 이 개념은 클래식을 기준으로 한다.

**위쪽 그림** 신비주의 세계관의 우주.

> "우리 영혼은 영원하며 결코 죽지 않는다는
> 사실을 자각한 적이 있는가?"
>
> — 플라톤, 『국가론(The Republic)』 —

## 깨달음에 이르는 길

기원전 3세기의 그리스 철학자 플라톤은 영속하지 않는 육체를
규정하기 위해 물질세계를 초월한, 단순히 뼈와 살을 넘어선
무언가가 존재한다는 인간의 추상적 사고를 결부시켜 생각했다.
이 말로 표현할 수 없는 무언가는 바로 영혼이었다. 영혼을 구성하는
특질 중 많은 부분이 보이지 않는데, 보이지 않는 것은 더 큰 영적
결합체의 일부이기 때문이라는 논리를 폈다. 그는 이 영적 결합체를
유일한 존재라고 불렀으며, 사람이 죽은 다음에 모든 영혼은 이
유일한 존재와 결합할 의무가 있다고 생각했다. 플라톤은 자신의
명저 『국가론』에서 "인간은 지구라는 어두운 동굴 속에서 살고
있다."라고 비유했다. 그들이 사는 세상에서 모든 삶은 단지 환영에
지나지 않는다. 플라톤의 영웅인 진실의 숭배자는 태양빛을 갈망했고
포기하지 않았고 빛에 이끌려 동굴의 입구까지 가서 궁극의
깨달음을 얻었다.

플라톤의 영혼에 대한 철학은 3세기경 신에 대한 개념을
포함하며 변형된다. 이 변형된 철학을 '신플라톤주의'라고 부른다.

신플라톤주의는 신비주의뿐만
아니라 성서적 문헌에
이르는 다양한 종교적인
사조와 결합하였다. 진실과
빛의 연결 고리는 절대적인
개념이었다. 르네상스 시대는
신플라톤주의의 전성기였고
타로 카드에도 이러한 사실이
반영되었다.

비스콘티-스포르자 덱 트럼프
카드에서 가장 높은 지위에
속하는 세 장의 카드가 별(Star),
달(Moon), 태양(Sun)인 것은
우연이 아니다. 이 지위의 연쇄
행렬은 세계(World) 카드(오른쪽
그림)로 끝나는데 세계 카드는
『계시록』에서 천국의 재현이라 표현한 신예루살렘의 이미지를 담고
있다.

## 연금술과의 연결 고리

르네상스 시대에 다시 유행한 밀교는 연금술을 비롯한 마술과 오컬트가 결합하는 경향을 띠었다. 전설에 따르면, 가장 유명한 연금술에 대한 기록은 헤르메스 트리스메기스투스가 직접 기록했다는 에메랄드 태블릿The Emerald Tablet이다. 고대 과학에서 기본적인 금속을 금으로 변화시키는 연금술에 대한 연구는 중세 서유럽에 널리 퍼졌고 르네상스 시기까지 이어졌다. 연금술과 타로의 연관성을 알아보려면 연금술의 개념을 먼저 이해해야 한다.

타로 학자 로버트 M. 플레이스의 말에 따르면 "바위와 광물을 포함한 모든 것은 살아 있고 이 모든 것은 존재의 가장 높은 단계로 변화해 나가고자 하는 하나의 목적을 공유한다."는 것이 연금술의 주요한 신조다.

> "연금술은 유용하지 않은 것을
> 근본적인 물질과 정수로 변형시켜
> 유용한 것을 분리해 내는 기술이다."
> — 테오프라스투스 필리푸스 아우레올루스 봄바스투스 폰 호엔하임
> Theophrastus Philippus Aureolus Bombastus von Hohenheim —

에메랄드 태블릿은 연금술에 있어서 변화의 과정과 변질을 자세히 설명하고 있다. 연금술을 믿는 체계에서 식물에게 가장 고귀한 형태는 장미이고, 금속은 금이며 사람의 형질 중에서는 지혜이다. 각각의 가장 고귀한 형태를 획득하기 위하여 물질은 모든 부정한 것을 깨끗하게 씻어내야 한다.

연금술사들은 시간이 지나면 납이 금으로 변할 것이라고 믿었으며 이 속도를 빠르게 할 방법을 찾아 헤맸다. 그들은 일생을 다 바쳐서 중간 과정 없이 납을 금으로 변화시키는 기적을 수행할 촉매를 찾아다녔다. 그리고 이러한 작업을 라틴어로 '위대한 과업'을 뜻하는

매그넘 오푸스Magnum Opus라 불렀고, 자신들이 찾는 불가사의한 물질을 마법사의 돌 혹은 아니마 문디Anima Mundi, 즉 세상의 영혼이라 불렀다.

1450년경 지오토(Giotto) 이후 니콜로 미레토(Nicolo Miretto)와 스테파노 다 페라라(Stefano da Ferrara)가 그린 프레스코화 '일하는 사람들' 중 연금술사.

> "연금술은 물질의 삶과 의식을 조작해
> 내부의 부조화를 해결하도록 돕는 기술이다."
>
> — 장 드뷔 Jean Dubuis —

## 영적인 금

매그넘 오푸스의 수행자들은 마법사의 돌을 계속 찾았지만 그들 중 일부는 물질보다 영적인 측면에 좀 더 관심을 두었다. 그들에게 더 중요한 목표는 인간의 영혼을 신비한 변화를 통해 완벽하게 만드는 방법을 찾는 것이었다. 이 목표를 수행하기 위해 그들은 꿈과 환상 그리고 상징들을 조사했다. 타로 카드는 상징을 통해 그러한 철학을 반영한 영혼이 고양되어가는 여정을 이야기해 준다.

비스콘티-스포르자 덱 카드 중 운명의 수레바퀴(Wheel of Fortune) 카드(오른쪽 그림)에는 눈이 가려진 운명의 여신이 바퀴를 돌리고 있다. 또 네 명의 인물이 운명의 여신을 둘러싸고 있는데, 잘 안 보이지만 그들은 스크롤을 하나씩 가지고 있다. 왼쪽 인물의 스크롤에는 '레그나보Regnabo(내가 지배할 것이다)'라고 쓰여 있고, 맨 위 인물의

스크롤에는 '레그노Regno(내가 지배한다)', 오른쪽 인물의 것에는 '레그나비Regnavi(내가 지배했다)'라고 쓰여 있다. 세 사람은 모두 '쑴 시노 레그노Sum sino regno(나는 힘이 없다)'라고 적힌 스크롤을 가진 가난한 이의 등 위에서 균형을 잡고 있다. 이보다 더 분명하게 메시지를 전달할 수는 없을 것이다.

명예와 부를 추구하는 것은 기본적인 본능(납: lead)이다. 억제되지 않은 야망에서 스스로를 벗어나게 하면 인간은 변화할 수 있고 깨달음(황금: gold)에 한 걸음 가까워질 것이다.

"연금술을 알고 나서야 비로소 나는 무의식이란
일련의 변화 과정을 분명히 이해하게 되었다.
자아(ego)와 무의식의 관계와 만족감이 진화 단계,
좀 더 정확하게 설명하자면 영혼(psyche)의 진정한
메타모르포시스(변태)를 개시하게 된 것이다."

— 카를 융 Carl Jung —

## 현대의 해석

스위스의 심리학자 카를 융은 정신의 삶에 있어서 이미지들이
중요한 역할을 한다는 것을 밝혔다. 수세대에 걸쳐서 전승되어온
이질적인 문화의 전설을 비교해 보면서 그는 무의식 속에 나타나는
이미지들이 놀라울 정도로 비슷하며 전 인류의 보편적인 주제를
반영한다는 주장을 펼쳤다. 융은 이러한 이미지들을 원형(原型,
archetype)이라고 불렀다. 현자, 영웅, 마법사, 어머니, 순진한 아이가
여기에 속한다. 이 원형들의 이미지 중 몇몇이 타로 카드에 등장하는
것은 아마 우연이 아닐 것이다.

융은 자신의 책에서 연금술과 요가를 포함해 이러한 원형들과 결합한 신앙 체계를 예로 들어 다음과 같이 기술했다. "타로 카드에 그려진 일련의 이미지들은 원형이 탈바꿈하여 전해져 내려온 것처럼 보인다."

융의 이러한 의견은 타로 전문가 신시아 가일스Cynthia Giles의 '타로 연구를 통해 인격이 성장'한다는 생각에 정당성을 부여해 주었다.

숨겨진 동기들과 파묻힌 감정들을 노출시키는 우리들의 꿈을 깊이 파고드는 일의 가치에 대하여 논쟁을 벌일 사람은 거의 없을 것이다. 융은 숨겨진 동기와 파묻힌 감정을 드러내는 신화, 동화, 꿈, 설화의 중요성을 입증했다. 타로 카드는 우리의 의식이 깨어 있는 동안에 그 상징들을 통해서 이러한 기능을 정확히 수행한다.

비스콘티-스포르자 덱의 은둔자(Hermit) 카드는 시간(일 템포, Il Tempo)으로 불리기도 하며 현명한 노인의 모습으로 의인화되어 있다.

CHAPTER 4

# 트럼프

## THE TRUMPS

> "진정한 타로는 상징으로 말하고
> 다른 언어나 기호는 사용하지 않는다."
>
> — 아서 E. 웨이트 Arthur E. Waite, 영혼의 상징 —

 남아 있는 기록에는 점성술사이자 카드 디자이너인 마르치아노 다 토르토나 Marziano da Tortona 가 그의 고객인 필리포 비스콘티 공에게 도덕적이며 진지한 사람이 카드 게임을 하는 데 시간을 쓰는 것이 적합한가를 질문한 일화가 있다. 비스콘티는 만일 그 게임이 나타내는 사상이 정결하다면 정말로 게임을 할 가치가 있다고 대답했다. 이 역사적인 일화는, 모든 작업은 비유와 은유를 통해 의미 있는 사상을 표현하는 예술이며 심지어 게임을 만드는 일까지도 그러하다는 르네상스 학자들이 갖고 있던 견해를 잘 나타내준다.

---

**왼쪽 그림** 비스콘티-스포르자 덱에 재현된 탑(Tower) 카드의 일부.

비스콘티-스포르자 덱은 이러한 전통의 완벽한 본보기이다. 어떤 이들은 타로의 트럼프(트리옹피, 특별한 상징을 담은 22장의 카드) 카드들이 플라톤의 이론인 '영혼의 삼분법'—이성(reason), 의지(will), 욕망(appetite)—의 은유일 수도 있다는 의견을 펼쳤다. 플라톤은 덕(virtues)으로 그들을 정화해서 세 가지 영혼의 코어를 통합해야 한다고 생각했다. 가장 낮은 트럼프에서 가장 높은 트럼프로 진행되는 타로 카드에서 플라톤의 이론은 완성된 형태로 표현된다.

타로의 트럼프 카드 중 서열상 첫 일곱 장은 욕망에 대응하며 이들은 절제의 덕을 통해 정화된다. 그다음 세트는 의지에 대응하며 권력과 지위에 대한 갈망을 상징한다. 의지는 인내 혹은 힘의 덕목을 통해 정화된다. 마지막 일곱 장의 트럼프는 이성을 상징한다. 이성은 악마로 의인화된 분별없는 충동을 억제하기 위해 분투한다.

일단 영혼의 세 형상이 정화되면 영혼은 하나로 기능하게 되어 정의(Justice)가 다스리게 되고 영혼은 자유롭게 별(Star), 달(Moon), 태양(Sun)의 빛나는 천체를 향하여 더 높고 높은 곳으로 승천하게 된다. 마침내 영혼은 신플라톤주의가 말하는 집(House)인 천국에 이르고, 이것을 나타내는 것이 세계(World) 카드다.

아마 다른 타로 덱에서 트럼프 카드를 언급할 때 메이저 아르카나Major Arcana라는 용어를 사용하는 것을 본 적이 있을 것이다. 하지만 이는 첫 타로 카드 탄생 후 400년이 넘게 지나서야 생긴 단어로 비스콘티-

스포르자 트럼프에는 맞지 않는 용어다. 이 덱의 각 트럼프는 이탈리아어와 현대 카드 리더에게 익숙한 이름, 두 가지로 표기했다. 다섯 번째 슈트에는 22장의 트럼프 카드가 있는데, 21장의 카드에는 번호가 매겨져 있지 않지만 순서가 정해져 있다. 22번 바보(Fool) 카드는 트럼프 서열상 정해진 위치는 없으며 처음 놓일 수도 있고 (골든 타로에서처럼) 맨 마지막에 놓일 수도 있다.

이 장에서는 비스콘티-스포르자 덱의 트럼프에 그려진 삽화들의 상징을 살펴볼 것이다. 이 카드들은 원형 이미지를 통해 삶에서 개인이 겪게 되는 모든 기쁨과 슬픔을 나타낸다. 특정한 이미지에 어떻게 반응하는지 관찰하면 그 사람의 사고방식과 감정에 대한 통찰을 얻을 수 있다.

# 바보 THE FOOL

## 일 마토 IL MATTO

르네상스 시대부터 잘 알려진 이 캐릭터는 원래
미치광이를 의미하는 일 마토$^{Il\ Matto}$라고 불렸다. 넝마를
입고 발에는 닳아빠진 긴 양말을 신고 있다. 머리에는
깃털이 튀어나와 있다. 이 모든 상징은 카드 속의 인물이
삶에 대한 준비를 제대로 하지 못했고 노력과 실패를
통해 교훈을 배워야 한다는 것을 드러낸다. 순진무구라는
관념을 그림으로 나타낸 바보(Fool) 카드는 흔히들 말하는
숲속의 철부지로 경험을 통해 교훈을 얻는 사람이다.
지금은 우둔하지만, 그는 지혜를 얻기 위한 여행을 막
시작하려고 한다.

<u>정방향</u> 순수함, 새로운 모험과 기회의 순조로운 시작, 더 고결한
자아에 도달하기 위해 기꺼이 열성적으로 바보짓을 함

<u>역방향</u> 잘못된 선택과 나쁜 결정을 하고 이 영향으로 앞날이
가로막힘

49

# 마법사 THE MAGICIAN

## 일 바가텔라 IL BAGATELLA

서열상 트럼프의 맨 첫 카드는 마법사로, 지혜를 위한 탐험의
첫 안내자이다. 그의 옷차림으로 볼 때 트릭스타tricstar[3] 혹은
개선 행렬에서의 또 다른 인기 인물인 '축제의 왕'으로 보인다.
이탈리아어로 일 바가텔라Il Bagatella는 별로 중요하지 않은 것을
뜻한다. 마법사는 자아실현의 사다리에서 제일 낮은 단계인 영혼의
욕망(appetite)을 나타낸다. 마법사는 정교하게 세공된 트렁크 위에
앉아 있다, 그 앞의 테이블에는 검, 잔, 두 개의 동전 그리고 뚜껑이
덮인 커다란 접시가 놓여 있다. 그의 오른손은 뚜껑 덮인 접시 위에
놓여 있고 왼손은 막대(rod)를 들고 있다. 잔은 좋은 조짐을, 단검은
명확한 계획을, 막대는 열광을, 동전은 이 모든 것이 실제적이고
실용적임을 상징적으로 나타내고 있다. 트렁크 안에 들어 있는 게
무엇일지 누가 알겠는가?

<u>정방향</u>  새로운 시작을 나타내는 상서로운 카드, 상상력, 독창성, 좋게든
나쁘게든 사용할 수 있는 기술

<u>역방향</u>  의뢰의 거절, 빠져나올 수 있는 쉬운 길을 추구, 약점

---

주3 신화의 원형에서 전형적인 영웅이 아니라 선과 악의 양면을 가진 인물로 목적에 따라 사기를
치거나 장난을 치는 인물이다. 한국의 신화에서는 도깨비 정도가 트릭스타에 속한다.

# 여사제 HIGH PRIESTESS

## *라 파페사 LA PAPESSA*

타로 학자 거트루드 모클리Gertrude Moakley는 방대한 조사를 바탕으로
이 카드에 있는 이미지를 이탈리아어로 라 파페사La Papessa라고
불렀으며 비스콘티 가문의 친척인 만프레다 수녀Sister Manfreda일
것이라는 의견을 제시했다. 그녀는 굴리엘미테스Gulielmites라는
종교 분파에 속해 있었다. 이 종파는 남성 우위의 교황 제도가 곧
여성 교황 제도로 바뀔 것이라는 믿음에 따라 만프레다를 그들의
교황으로 선출했다. 이 여사제는 가톨릭의 권능을 상징하는
삼중관(교황관)을 쓰고 왕좌에 앉아 있다. 그녀는 힘을 나타내는데,
인간의 영혼이 가진 욕망에 의해 지배되는 덧없이 일시적인 속세의
힘이다. 하지만 그녀는 동시에 고결한 목표를 이루기 위해 절제하고
두려움 없이 달려 나가 닿을 수 없어 보였던 목표들을 실현시켜주는
영혼의 의지(will)를 상징한다.

<u>정방향</u>  올바른 판단, 건전한 통찰력, 영혼의 진화를 나타내는 좋은 카드,
평온과 지혜, 플라토닉한 사랑, 자기 성찰, 깊게 감춰진 감정

<u>역방향</u>  정신적으로 제어할 수 없음, 이기적인 마음, 천박함

# 여왕 THE EMPRESS

**임페라트리체** *L'IMPERATRICE*

여왕은 오른손에 홀(笏)을, 왼손에는 검은 독수리가 새겨진 방패를
들고 있다. 이는 신성 로마 제국 황제와 그 아내를 상징하는
문장(紋章)이다. 여러 트럼프에서 비스콘티 가문과 스포르자 가문의
문장을 볼 수 있는데 여왕 카드는 두 가문의 문양을 결합하여 그려
넣은 첫 번째 카드이다. 여왕은 스포르자 가문을 상징하는 세 개의
다이아몬드 반지를 겹친 문양을 아로 새긴 로브를 입고 머리에는
비스콘티 가문의 왕관을 쓰고 있다. 땅의 어머니의 원형으로서 여왕은
여성의 매력과 다산의 의미를 담고 있다. 왕관과 홀, 방패를 결합하여
여성의 힘을 나타낸 것이다.

<u>정방향</u> 여성의 힘, 다산, 여성의 매력, 실용성, 단호함, 모성, 물질적인 부

<u>역방향</u> 불임, 무신앙, 부정, 걱정

# 황제 THE EMPEROR

**임페라도레** *L'IMPERADORE*

스포르자 가문을 상징하는 세 개의 다이어몬드 링을 겹친 문양이
새겨진 로브를 입고 비스콘티 가문의 왕관을 쓴 모습을 통해 그가
황제임을 알 수 있다. 또 황권의 상징인 지구본을 황제의 손바닥 위에
놓아 잘 보이게 배치했다. 팔에는 신성 로마 제국 황제의 코트를
걸치고 있고, 왕관에는 황실의 상징인 검은 독수리가 새겨져 있다.
풍성하게 흘러내리는 하얀 수염은 고대로부터 전해져 내려온 지혜를
나타내는 전형적인 상징이며 왕관, 홀, 지구본이 합쳐져 남성의 힘을
나타내는 완벽한 본보기가 된다.

<u>정방향</u> 안정, 속세의 힘, 자아를 제어함, 권위가 높은 사람이나 법조인과의
만남을 암시, 승리의 약속

<u>역방향</u> 당신에게 영향력을 휘두르는 자를 믿지 말 것을 경고함. 통제 부족,
보잘것없는 감정, 집중하지 못해서 실패함

# 교황 THE POPE

**일 파파** IL PAPA

현실 세계에서 교황은 황제에게 왕관을 수여할 권리를 갖고 있는데
트럼프에서도 다른 지배자들보다 높은 위치에 있다. 교황은 오른손을
들어 축복의 기호를 만들고 있다. 왼손에는 교황의 십자가(papal
cross)를 들고 있다. 머리에는 교황권의 상징인 삼중관을 쓰고 있는데
이 왕관은 정신, 육체, 영혼의 일치와 화합을 나타낸다. 그의 흰 수염은
지혜를 나타내는 전통적 이미지이며, 하얀 튜닉은 영혼의 깨끗함을
나타낸다. 마지막으로 망토와 왕관과 십자가를 더하여 역사적인
중요성과 엄숙함을 부여하면서 의식과 전례(典禮)를 상징하게 되는
것이다. 이처럼 높은 지위에도 불구하고 그의 모든 권한은 덧없으며,
트럼프에서 교황의 위치는 상징적일 뿐이다.

<u>정방향</u> 영적인 것, 연민, 용서, 경직된 사고, 복종

<u>역방향</u> 유혹에 약함, 어리석은 관용, 불복종, 정통 교리를 거부함,
극단적으로는 컬트 종교에 미혹 당함

59

# 연인들 THE LOVERS

*라모레 L'AMORE*

이 카드에서 옷을 입고 있는 두 사람은 프란체스코 스포르자와
비앙카 마리아 비스콘티라고 여겨진다. 이 카드의 이탈리아어 이름이
L'amore(라모레, 사랑)이고, 두 사람의 얼굴에 표정이 없고 세부 묘사가
없는 것을 볼 때, 이 카드의 진짜 주제는 사랑 그 자체이지 연인이
아니다. 날개 달린 큐피드가 중앙에 위치하고, 손을 맞잡은 두 사람의
자세는 당시 결혼식 접시 따위의 결혼 기념품에 나타나는 통상적인
약혼식 초상화에서 영감을 얻은 듯하다. 큐피드는 두 사람보다 높은
받침대 위에 서 있는데, 이는 큐피드가 연인들보다 강함을 보여준다.
또 큐피드가 천으로 눈을 가리고 있는 것은 큐피드가 쏘는 화살의
무작위성, 사람들이 사랑에 빠지는 이유는 설명할 수 없다는 것을
나타낸다. 르네상스 시대에 큐피드는 영혼의 욕망(appetite)을 상징하며
골칫거리로 여겨졌고, 그 정욕을 결혼이라는 관습의 고삐로 제어할
필요가 있다고 생각했다.

<u>정방향</u> 조화, 사랑, 믿음, 명예, 기쁨, 욕구 충족, 새로운 관계 혹은 현재
관계의 새로운 국면

<u>역방향</u> 변덕, 믿음 부족

61

# 전차 THE CHARIOT

## 일 카로 트리움팔레 IL CARRO TRIUMPHALE

타로 전반에 영향을 준 로마 승전 퍼레이드를 전차(Chariot)
트럼프보다 더 잘 보여주는 카드는 없을 것이다. 전차 카드는 원래
일 카로 트리움팔레Il Carro Triumphale(개선 전차)라고 불렸다. 이 카드 속에서
비앙카 마리아는 페트라르카의 시 〈개선〉의 여주인공 라우라Laura를
재현하고 있다. 머리에 황금관을 쓰고 한 손에는 홀을 들고, 다른
손에는 황실 지구본을 들고 전차를 모는 라우라는 권위를 나타내는
다양한 상징을 잘 보여준다. 이러한 상징들은 신플라톤주의의 영생
추구를 보여주며 그림 속 라우라는 전형적인 영웅의 모습이다. 그녀는
날개 달린 말들을 길들여야만 한다. 날개 달린 두 마리의 말은 각각
욕망(appetite)과 의지(will)를 나타내며, 라우라는 전차 – 영혼 – 전체가
다 함께 깨달음을 향해 가도록 이끈다.

정방향  대립, 격동, 혼란, 임박한 항해나 여행, 육체와 정신의 힘의 균형을
유지하기 위한 내적 투쟁, 진실과 조화의 추구

역방향  실패, 패배

# 정의 JUSTICE
**라 쥬스티치아** *LA JUSTICIA*

트럼프의 두 번째 세트를 이끄는 것은 정의(Justice)이다. 이 덕목은
의지(will)를 의심하고 견제할 의무가 있다. 왕관을 쓴 카드 속 인물은
비앙카 마리아 비스콘티라고 여겨지며, 왼손에는 공정함과 균형의
전통적인 상징물인 정의의 천칭을 쥐고 오른손에는 양날 검을
들고 있다. 이러한 정의의 모습은 그녀가 자신의 임무에 충실함을
나타낸다. 이 트럼프에는 당시의 관습에도 부합하며 시각적 흥미를
주는 또 다른 극적인 요소가 등장한다. 정의의 위로 마치 꿈인 듯,
혹은 그녀의 상상 속인 양, 갑옷을 입은 기사가 흰색의 종마를 타고서
그녀의 왕관 위로 펼쳐진 금빛 장식 위를 질주하고 있다. 기사는 검을
들고 정의와 그 주장(혹은 소송)을 보호할 태세를 갖추고 있다. 이는
공평과 정의를 수호한다는 당시 기사도의 첫 번째 규정에 부합하는
것이다. 태양 광선이 카드 위쪽의 왼쪽과 오른쪽 가장자리에서
자애롭게 내리비추고 있다.

<u>정방향</u> *공평함, 균형, 명예, 공정, 선한 의도, 평형과 균형, 다른 이의 의견을
공정히 인식하는 친절한 사람*

<u>역방향</u> *편협, 거짓 고발, 남용, 완고함*

# 은둔자 THE HERMIT

## 일 템포 IL TEMPO

지혜를 상징하는 턱수염이 길게 흘러내리는 이 은둔자는 왼손에
든 지팡이에 의지해 걷고 있다. 오른손에는 모래시계를 들고 있다.
모래시계를 응시하고 있는 모습에서 시간이 빨리 지나간다는 것을
느낄 수 있다. 머리에 쓴 화려한 금장 이단 털모자는 그가 부유한
사람임을 나타낸다. 이 노인의 이미지는 시간(Il Tempo, 일 템포)을
의인화한 것으로 페트라르카의 작품 〈개선〉에서 유래했다. 등이 굽은
늙은이로 그려지기도 하는 시간의 신인 사투르누스Saturnus의 전통적인
모습에서 따온 것이다. 재미나게도 이탈리아에서는 이 상징적 표현을
달리 해석해서 행운을 비는 데 사용하기도 한다.

정방향  너무 늦기 전에 누군가의 행동을 잘 살필 것, 그게 정말 의미 있는
일인지 확인할 것을 경고함, 경계, 신중

역방향  충동적임, 바보같이 서두름,  주의 깊게 행동하지 않아서 실패함

# 운명의 수레바퀴 The Wheel of Fortune

*라 루오타 델라 포르투나 La Ruota della Fortuna*

40쪽에도 등장했던 운명의 수레바퀴는 시간과 함께 변하지 않는
것은 아무것도 없는 세속적이고 물리적인 세상과 연관되는 카드다.
행운의 여신 포르투나Fortuna는 눈을 가린 모습으로 주변에 무관심함을
시각적으로 보여주며, 자신을 둘러싼 운명(fate)에 영향을 받지 않는다.
포르투나의 위쪽과 오른쪽에 있는 두 형상은 당나귀 귀를 하고 있고,
왼쪽에 있는 형상은 꼬리를 달고 있다. 아래쪽의 낡은 옷을 입은
노인이 이 모두를 지탱하고 있다. 이 카드는 삶이 변화한다는 것을
보여준다. 정방향이라면 모든 게 장밋빛이겠지만, 역방향이라면 그리
좋진 않다.

정방향  운명, 어떤 문제의 끝이 가까워짐(결과가 좋은지 나쁜지는 이 카드 옆에
놓인 가장 가까운 카드가 무엇인가에 따라 달라짐).

역방향  방해, 행운의 반전, 경험을 통해 배우지 못했기에 생기는 불운의
반복

69

# 힘 STRENGTH

**라 포르테차** *LA FORTEZZA*

그림체를 볼 때 이 카드는 보니파시오 벰보의 그림이 아니다. 인물의
이목구비가 앞의 트럼프와 다른 스타일로 그려졌는데, 아마도
안토니오 치코나라<sup>Antonio Ciconara</sup>의 그림으로 보인다. 힘(Strength)은
헤라클레스의 모습으로 표현되어 있다. 영혼이 여정을 끝마치기
위해서는 힘을 훈련할 필요가 있다. 사자는 다른 무엇보다도 명예와
재산을 추구하는 과장된 자아(ego)를 의미한다. 이 힘이 지닌 능력은
용기로부터 나온다. 용기(courage)의 라틴어 어근은 cor(코르)인데
이는 심장을 뜻한다. 힘은 인간의 권력욕을 길들이기 위해 필요한
자질이다.

<u>정방향</u> 육체적 강인함, 물질 이상의 정신, 자기 단련, 결단, 영웅적 자질

<u>역방향</u> 보잘것없음, 무능, 권력 남용

# 매달린 남자 THE HANGED MAN

**일 트라디토레** *IL TRADITORE*

카드 안의 인물은 왼쪽 발목에 밧줄이 묶여서 교수대에 거꾸로 매달려
있다. 이 인물의 얼굴과 연인들(Lovers) 카드 속의 남자가 닮아 있는
것으로 미루어보아 그는 비스콘티-스포르자 가문에 속한 사람일 수도
있다. 거꾸로 매달린 남자는 이탈리아어로 일 트라디토레Il traditore이며
'반역자'라는 뜻이다. 15세기 이탈리아에서 반역자를 처벌할 때
거꾸로 매달았으므로 그가 반역자라는 것을 즉시 알아볼 수 있다.
정치인들도 거꾸로 매달려 조롱거리가 되곤 했다. 매달린 남자(Hanged
Man)는 영적인 과업을 완수하기 위해 필요한 고통과 자아 상실을
나타낸다.

<u>정방향</u> 고통과 수치, 자아·자존심·물질적 부유함 등의 상실, 중요한 사건들
사이의 어정쩡한 유예 기간, 행동의 정지, 과도기, 경로 변경, 희생, 후회

<u>역방향</u> 쓸모없는 희생, 필요로 하는 것을 주지 못함, 자기중심

# 죽음 DEATH

**라 모르테** *LA MORTE*

죽음(Death) 카드는 14세기에 인구를 대량 학살한 흑사병을 주제로
한 '죽음의 춤(Dance of Death)'이라는 우화적인 예술 작품에 등장하는
오싹한 해골의 모습을 하고 있다. 해골은 왼손에 활을, 오른손에는
화살을 들고 있다. 그림자가 드리워진 깊은 눈구멍에서 해골의 뚫린
눈이 무시무시해 보인다. 우리는 힘(Strength)이 무절제한 욕망을
이기고, 매달린 남자(Hanged Man)의 괴로움과 고통이 힘을 짓밟는
것을 보았고, 이제 죽음(Death)이 우위에 선다. 그러나 덱의 위치로
볼 때 모든 것을 다 잃은 것은 아니라는 건 분명하다: 덱에는 아직 더
많은 트럼프 카드가 남아 있기 때문이다.

<u>정방향</u> 변형, 다시 시작하기 위해 필요한 관계, 직업, 소득의 끝,
극단적으로는 곧 닥쳐올 질병이나 죽음

<u>역방향</u> 변화를 심하게 두려워함

# 절제 TEMPERANCE

**라 템페란자** *LA TEMPERANZA*

절제(Temperance) 카드는 트럼프에서 그려진 마지막 주요 덕목으로
균형, 건강, 조화로 이끌어준다. 절제는 욕망과 감정을 부정하는
게 아니라 감독하고 억제해서 목표를 성취한다. 적당함이 그
열쇠이다. 절제는 영혼을 달래주고 삶의 불공평함에 항의하려는
충동을 완화해 준다. 카드 속 여자는 절벽 가장자리에 서서 화려하게
장식된 물병에서 다른 물병으로 액체를 부으려 하고 있다. 이 장면은
마음(psyche, 프시케)의 내면세계와 욕망의 물리적 세계의 혼합—마음의
평화를 얻기 위한 완벽한 상태—을 은유적으로 나타낸다. 그림체로
볼 때 이 카드를 그린 화가는 보니파시오 벰보가 아니며 아마도
힘(Strength) 카드를 그린 안토니오 치코나라인 것으로 생각된다.

*정방향* 영양과 건강, 거부가 아닌 자제, 모든 것에 있어서 적당함과 균형

*역방향* 부조화, 이해의 충돌

76

# 악마 THE DEVIL

## 엘 디아볼로 EL DIAVOLO

이 트럼프 카드는 오리지널 비스콘티-스포르자 덱의 카드가 아니며
15세기에 나타났을 법한 악마의 이미지를 추정하여 재현된 것이다.
이 악마는 사납고 위협적인 반인반수의 모습을 하고 있다. 박쥐
날개와 숫양의 뿔을 달고 있고 당나귀 귀를 하고 있다. 악마의 배 위에
또 하나의 얼굴 형상이 있는데, 이것은 욕망(appetite)이 절제를 잃은
상태를 나타낸다. 악마의 대좌(臺座)에 사슬로 매여 있는 두 형체는
인간의 더 낮은 동물적 욕구를 나타낸다. 사슬은 일시적인 물질적
기쁨의 속박을 상징한다. 대좌에서 뿜어 나오는 불길은 일시적 욕망의
속박에서 벗어나 영혼의 단계에 이르지 못한 자들에게는 고통이
기다리고 있다는 것을 상기시킨다.

정방향 중독, 속세의 소유물을 적극적으로 추구함, 돈과 권세에 대한
극단적인 갈망, 파렴치함, 다른 사람이 돈을 쓰지 않으면 기분이 좋지 않음,
폭력, 재앙

역방향 의무와 속박에서 벗어남, 이혼, 장애의 극복

# 탑 THE TOWER
## 라 카사 델 디아볼로 *LA CASA DEL DIAVOLO*

그림 그대로 태양이 쨍쨍한 파란 하늘에서 번개가 쳐서 탑의
꼭대기를 무너뜨리고 있다. 탑(Tower) 카드는 이탈리아어로 라 카사
델 디아볼로La Casa del Diavolo, 즉 악마의 집이라고 불렸다. 태양의 냉담한
표정은, 불행은 나이나 지위를 막론하고 무작위로 누구에게나
들이닥친다는 신호이다. 그림 속 두 인물은 늙은 남성과 젊은
여성인데, 머리부터 아래로 곤두박질치고 있다. 견고해 보이는
돌로 된 탑은 그들이 상상했던 것 같은 강력한 요새는 아니었다.
모든 물질은 일시적이며 보이지 않는 천상의 힘에는 대적할 수 없다.
모든 사람은 젊은이든 노인이든, 부자이든 가난뱅이든 소멸될
운명이다. 오직 영혼만이 지속된다. 악마(Devil) 카드와 마찬가지로
탑(Tower) 카드는 15세기 예술 양식으로 재현되었다.

정방향  갑작스런 변화, 예기치 못한 재앙, 오랜 믿음과 이론의 붕괴, 불운,
비참함, 재정적 실패, 관계를 잃음

역방향  종속이 계속됨, 관습에 갇힘, 바꿀 수 없음, 감금

# 별 THE STAR

## *라 스텔라 LA STELLA*

영적인 깨달음을 위한 천체를 통한 영혼의 신비로운 승천은
별(Star)에서 시작한다. 이 카드에서는 파란 옷을 입은 여성이
여덟 개의 뿔이 달린 금색 별을 머리 위로 들고 있다. 이는 천상의
아름답고 눈부신 빛이 그녀를 둘러싼 것을 표시한다. 그녀는 번개가
탑을 파괴한 후의 고요함이다. 스텔레Stelle (별들)는 단테의 『신곡』 중
'지옥 편' 마지막에 나오는 단어다. 영웅들이 지옥으로부터 별로
가득한 하늘에 나타나는 부분에 나온다. 별은 선한 의도가 악을 이길
것이라는 희망을 상징한다. 예술사 전문가들은 이 그림에 나오는
인물은 그리스 로마 신화의 아홉 뮤즈 중 하나인 천문학의 여신
우라니아Urania의 모습에서 영향을 받은 것이라는 의견을 보인다.
우라니아의 얼굴 표정이 보니파시오 벰보가 그린 다른 인물들보다는
정교함이 떨어지는 것으로 봐서 힘(Strength)과 절제(Temperance)를
그린 안토니오 치코냐라의 그림으로 보인다.

*정방향 낙관주의, 신념, 모든 것 – 일·사랑·가족·노력이 적절한 균형을
유지하고 있음을 알려주는 상서로운 카드, 아주 유리한 결과*

*역방향 실망, 불균형, 비관주의*

# 달 THE MOON
## *라 루나* LA LUNA

신화 속에서 달은 사냥의 여신이자 다산의 여신인 다이아나<sup>Diana</sup>로
의인화된다. 달(Moon) 카드를 살펴보면 그녀는 자신의 쌍둥이 형제인
태양신 아폴로와 떨어져 혼자 서 있다. 그녀는 초승달을 들고 있는데,
불멸을 향한 그녀의 탐험이 아직 이루어지지 않았음을 나타낸다.
트럼프에서 그녀의 지위는 영원을 상징하는 세계(World) 카드에
패배하는 것이다. 페트라르카의 시 속에서 달과 별은 영원(Eternity)이
시간을 이기는 것을 기다려야만 한다. 그래서 달과 별은 종종 슬픈
얼굴로 그려진다. 배경에는 인간이 만든 건축물들이 작고 하찮고
희미하게 그려져 있는데 이는 현세의 걱정거리로부터 달이 멀리
떨어져 있음을 나타낸다. 달(Moon) 카드는 보니파시오 벰보가
아닌 다른 작가가 만든 네 번째 카드이다. 그림체가 힘(Strength),
절제(Temperance), 별(Star)과 비슷한 것으로 미루어 안토니오
치코나라가 그린 것으로 여겨진다.

<u>정방향</u> 기다리면서 인내함, 휴식, 연기, 명상, 무의식의 출현

<u>역방향</u> 조급함

85

# 태양 THE SUN

## 일 솔레 *IL SOLE*

태양(Sun) 카드의 날개 달린 어린이 케루빔Cherub은 르네상스
예술에서는 인기 있는 인물로 이탈리아어로는 푸토putto라고 한다. 이
인물의 동그란 형태를 볼 때 보니파시오 벰보가 그린 것으로 알려진
카드들보다는 안토니오 치코나라의 작품과 더 닮아 있다. 그는
떠다니는 푸른 구름 위에 서서 태양을 들고 있다. 태양은 비스콘티-
스포르자 가문이 선호하는 문장(紋章)이다. 이 태양은 그리스 로마의
태양신 아폴로Apollo를 닮은 신의 머리 모양을 하고 있다.

비록 앞쪽은 낭떠러지 절벽이지만 이 아이는 거기에 전혀 가까이
있지 않다. 아이는 행운을 비는 부적이 되기도 하는 구슬 목걸이를
하고 있다. 얇은 스카프가 어깨를 감싸고 다리 사이로 나부낀다.
태양의 모양을 볼 때, 달의 여신 다이아나Diana와 태양신 아폴로Apollo가
쌍둥이라는 신화가 반영되어 빛과 어둠, 낮과 밤, 일과 휴식 등
상반되는 것들의 균형과 완성을 나타낸다. 심리학자 카를 융에 의하면
이들의 결합은 심리학적으로 완벽한 상태인, 무의식과 의식의 병합을
나타내기도 한다.

정방향 건강을 포함해서 모든 것이 이상적임, 완벽한 조화와 화합, 사랑을
더 깊어지게 하는 남성성과 여성성의 균형, 명예, 즐거움, 만족

역방향 외로움, 구름 낀 미래, 불행한 관계

# 심판 JUDGMENT

**란젤로** *L'ANGELO*

심판(Judgment) 카드는 처음에 란젤로L'Angelo, 즉 '천사'로 불렸다.
트럼펫을 불어 아래쪽 인물들을 부르고 있는 천사들 위에 신성한
신처럼 보이는 형상이 자리하고 있다. 카드 아래쪽에는 비앙카 마리아
비스콘티와 프란체스코 스포르자로 보이는 인물이 관 속에 앉아
있다. 이 두 사람 사이에는 관 바닥에 누워 있는 것처럼 보이는 노인이
안치되어 있는데, 그는 이 두 사람보다 먼저 살았던 사람으로 그 또한
천국과 연결되어 있다. 이들은 곧 천국을 향한 여행을 떠나려고 하고
있어서, 두 사람은 즐겁게 천상의 존재들을 우러러보고 있다. 이러한
최후의 심판에 대한 성서적인 견해에 덧붙여서, 영생의 약속과 함께
영혼이 죽음을 이기면서 신비로운 여정은 거의 완성된다.

정방향 보상, 책임, 젊음의 회복과 치료

역방향 망설임, 영적 공허함, 중독

# 세계 THE WORLD

## 일 몬도 IL MONDO

비스콘티–스포르자 덱 카드 중에서 안토니오 치코나라가 그렸다고
알려진 여섯 번째이자 마지막 카드이다. 두 아기 천사가 천국을
상징하는 지구본을 들고 있다. 심판(Judgment) 카드에서 보인 구원된
자들이 새로운 터전으로 삼을 장소다. 세계 카드는 또한 영원에
대한 깨달음을 상징한다. 죽음과 시간을 이긴 영혼은, 유일한 존재와
연합하고 불멸을 얻는다. 지구본 안 언덕 위에 성이 빛나고 있다.
해자로 둘러싸여 있는 이 성은 『계시록』의 약속된 새로운 예루살렘의
은유이다. 하늘은 구름 한 점 없이 파랗고 아기 천사들은 어깨를
감싸는 스카프에 의해 상징적으로 보호되고 있고 안전하다.

<u>정방향</u>  대단히 좋은 조짐, 완벽한 성취, 맑은 날의 항해, 내면의 행복

<u>역방향</u>  이상의 결핍, 시작한 일을 완수하지 못함, 실망

# CHAPTER 5

# 네 개의 슈트

## THE FOUR SUITS

| 슈트 | 연상 의미 | 계급 | 원소 | 별자리 |
|---|---|---|---|---|
| 잔(Cup) | 기쁨 | 성직자 | 물 | 전갈자리(Scorpio) |
| 검(Sword) | 슬픔 | 귀족 | 공기 | 물병자리(Aquarius) |
| 장대(Batons) | 영토 | 농부 | 불 | 사자자리(Leo) |
| 동전(Coins) | 돈 | 상인 | 땅 | 황소자리(Taurus) |

비록 비스콘티-스포르자 덱의 첫 네 개 슈트는
트럼프처럼 풍부한 영적인 이미지나 심벌을 가지지
않지만, 이 카드들도 분명 의미가 없지는 않다.
기본적으로 각 슈트의 심벌을 반복해 사용하는 이
카드들도 많은 정보를 담고 있어서 해석이 되어야 한다. 당신을
영적인 길로 인도하는 카드는 아니지만, 이 카드들은 성격과 기분에
대한 가치 있는 정보를 전달한다.

이 카드를 다양하게 공부하고 그 의미를 숙지한다면 카드 배열에서
그들이 어떤 역할을 하는지에 대한, 당신의 직관적인 아이디어를
발전시킬 수 있을 것이다. 네 슈트의 이름은 잔(Cups), 검(Swords),
동전(Coins) 그리고 장대(Batons)이다. 각 슈트는 열네 장으로,
핍Pips이라 불리기도 하는 열 장의 숫자 카드와 왕(King), 여왕(Queen),
기사(Knight) 그리고 시종(Knave)이라는 네 개의 궁정 카드(Court
cards)로 이루어졌다.

제2장에서 살펴봤듯이 이 네 슈트는 성직자, 귀족, 상인, 농민으로
이루어진 중세와 르네상스의 사회 계급을 반영하고 있다. 이들은
또한 물, 공기, 땅, 불의 네 가지 원소와 대응하며 각각 성격적 특성을
나타낸다. 이 슈트들은 별자리와도 연관된다.

# 잔 슈트 THE CUPS SUIT

이 명랑한 슈트는 기쁨을 나타낸다. 잔(Cup) 카드가 부정적인
의미를 갖는 경우는 드물며, 부정적인 카드 근처에 놓일 때 이를
완화시키는 역할을 한다. 잔은 무의식을 드러내기도 한다. 잔 2가
'아모레 미오_amore mio_(내 사랑)'라는 구절을 지니고, 잔 4가 비스콘티의
휘장 '아 봉 드루아_à bon droyt_(정정당당하게)'를 지니고 있는 점이 흥미롭다.

### 잔 에이스 ACE OF CUPS

이 카드상의 '잔'은 성배를 연상시키거나
세례반(세례용 물을 담는 그릇)을 닮은 육각 분수이다.

<u>정방향</u>  사치, 부유함, 가득 참, 기쁨 등을 나타내는
상서로운 카드

<u>역방향</u>  보답받지 못한 애정, 아무런 발전이나 결실이
없는 상태, 행복의 손상

### 잔 2 TWO OF CUPS

<u>정방향</u>  모든 종류의 협조적인 관계, 로맨틱한 사랑이
이루어짐, 안목, 이타적인 충동

<u>역방향</u>  이혼, 분리, 비밀, 안주, 연결할 수 없음

### 잔 3 THREE OF CUPS

<u>정방향</u> 완성, 치유, 타협 또는 축하를 앞둠, 명절의 모임 또는 가족의 재결합

<u>역방향</u> 향락, 탐닉, 고마워하지 않음

### 잔 4 FOUR OF CUPS

<u>정방향</u> 자아 성찰, 힘든 시기를 겪고 난 후에는 새로운 시각으로 전체를 조망할 필요가 있다. 각성해서 적을 소멸시킴

<u>역방향</u> 새로운 것을 배우고, 새로운 사람을 만나고, 새로운 기회와 경험을 만날 것을 제안함

### 잔 5 FIVE OF CUPS

<u>정방향</u> 후회, 결함, 불완전, 얕은 관계나 텅 빈 결혼 생활을 의미할 수도 있음

<u>역방향</u> 장밋빛 미래와 희망적인 태도에 대한 암시

### 잔 6 SIX OF CUPS

<u>정방향</u> 흐릿한 꿈, 극심한 갈망, 과거에 대한 동경

<u>역방향</u> 새로운 시작, 밝은 미래

### 잔 7 SEVEN OF CUPS

<u>정방향</u> 어리석은 생각, 희망 사항, 꿈이 많음

<u>역방향</u> 현명한 선택, 목표의 실현이 가까움

### 잔 8 EIGHT OF CUPS

<u>정방향</u> 수줍음, 겸손, 체념, 실망, 노력하기를 포기함

<u>역방향</u> 인내, 떠나기를 거부함

### 잔 9 NINE OF CUPS

<u>정방향</u>  꿈이 이루어지다, 물질적 성공과 건강함을
나타내는 상서로운 카드

<u>역방향</u>  실수와 불완전, 표면적임, 얕음


### 잔 10 TEN OF CUPS

<u>정방향</u>  매우 상서로운 카드, 사랑이 이루어짐, 재정적
안정, 행복한 가정, 영적이고 감정적인 웰빙, 덕, 평화,
명예, 감사

<u>역방향</u>  부조화, 분쟁 관계, 대립, 트러블

## 잔의 시종 KNAVE OF CUPS

잔의 시종(Knave)은 악마의
방향인 왼쪽 얼굴을 보이고
있으며 순결의 상징인 흰 장갑을
착용하고 있다. 이는 사악한 힘에
직면한 선한 의도를 은유적으로
보여준다. 그는 이 슈트의 다른
궁정 카드(Court Cards)들처럼
고딕 스타일의 높은 덮개가
있는 황금 잔을 들고 있다.
그의 튜닉은 비스콘티의
상징물인 태양 광선으로 꾸며져
있다. 시종의 빨간 스타킹과
흰 스타킹의 대비가 만일
의도적으로 르네상스의 상징을
반영하는 것이라면, 아마도
순결함(white)과 정욕(red)의 대립을 나타낼 것이다.

<u>정방향</u> 보살핌, 부드러움, 예술적임, 유능한 의사 전달자, 혹은 임신이나
출산을 나타낼 수도 있음

<u>역방향</u> 쉽게 주의가 산만해짐, 일탈, 말만 잘하는 사람, 믿으면 안 되는
연인

## 잔의 기사 KNIGHT OF CUPS

잔의 기사(Knight)는 반바지에
비스콘티 가문의 태양이
새겨진 천으로 만들어진 털이
장식된 코트 차림으로 말에
올라타 있다. 코트 안에는
로열블루 셔츠를 입었다. 말은
오른쪽 앞다리를 들어 올리고
있는데 말의 호화스러운
의상과 굴레에도 비스콘티의
휘장이 새겨져 있다.

정방향  가는 길에 무엇을 만나든
대적할 수 있음, 사랑과 연애에
관심을 둠, 초자연적인 능력을
소유, 기회가 곧 스스로 모습을
드러낼 것이라고 가리키는
상서로운 카드, 청혼을 의미할 수도 있음

역방향  신뢰할 수 없음, 이기적임, 교활함

## 잔의 여왕 QUEEN OF CUPS

왕관을 쓰고 왕좌에 앉아
있는 잔의 여왕은 온전히
정면을 향하고 있다. 무거워
보이는 그녀의 금빛 가운에는
비스콘티의 태양 문장이
장식되어 있다. 또 초록색
장갑을 끼고 있는데, 초록은
르네상스 예술에서의 신성함을
연상시킨다. 여왕은 화려하게
장식된 뚜껑 달린 잔 혹은
성배를 오른손에 들고,
왼손으로는 축복을 내리는
자세를 취하고 있다.

정방향  고귀한, 친절한, 모성의,
헌신적인, 숭배받는, 날카로운 통찰력을 타고남

역방향  불안정한, 자기 위주의, 의존적인, 징벌적인, 감정적으로
폭발하곤 함

## 잔의 왕 KING OF CUPS

잔의 왕은 옆을 보고 있으며
밀라노 대공의 왕관을 쓰고
있다. 그가 입고 있는 털로
장식된 튜닉에는 비스콘티의
상징물인 구불구불하고 곧은
광선을 뿜는 태양 문장이
보인다. 뚜껑이 있는 장식된
잔을 들고 있다.

정방향 동정심이 많은, 친절한,
의지 되는, 어쩌면 종교적인,
창의적이고 예술을 좋아하는,
남들에 대한 걱정으로
자선 활동을 함

역방향 이중성, 교활함,
불명예스러움

## 검 슈트 The Swords Suit

검 카드들은 공기(air) 원소와 연관되어 있어서 생각이나 사유와 관련된다. 르네상스 시대의 초상화 속에서 검은 정의의 상징이었다. 에이스를 시작으로 첫 다섯 개의 숫자 카드에는 비스콘티의 모토인 '아 봉 드루아à bon droyt'가 검을 감고 있는 스크롤 위에 적혀 있다. 이 라틴어의 의미는 '정정당당하게'이다.

### 검 에이스 Ace of Swords

<u>정방향</u> 결단, 개시, 성공으로 이끌며 성취를 유지시키는 모든 종류의 힘

<u>역방향</u> 재난, 압박, 흉악한 기질, 모욕, 불임

### 검 2 Two of Swords

<u>정방향</u> 두 개의 같은 힘이 대립하며 교착 상태에 빠짐, 결론을 내리지 못함

<u>역방향</u> 기만, 배반, 거짓말, 배신

### 검 3 THREE OF SWORDS

비스콘티-스포르자 덱에서 유일하게 유실된 핍Pips 카드. 검 3은 다른 검의 핍 카드와 비슷한 그림체로 재현되었다.

<u>정방향</u> 실망. 비탄, 외로움. 절망, 이별이 임박함, 계획이 유예될 수 있음

<u>역방향</u> 부재(不在), 상실, 거절, 후회

### 검 4 FOUR OF SWORDS

<u>정방향</u> 회춘, 불운에서 회복함, 속도를 늦춰야 할 때임을 나타냄, 명상 같은 고독한 행위가 필요함, 일시적인 고립, 추방, 집행 유예

<u>역방향</u> 계속 가고 싶은 충동, 스트레스가 늘어남

### 검 5 FIVE OF SWORDS

<u>정방향</u> 다른 것을 희생해서 얻음, 배신과 잘못된 믿음

<u>역방향</u> 구름 긴 전망, 불확실, 나약함

103

## 검 6 *SIX OF SWORDS*

<u>정방향</u> 안정성과 순조로운 항해, 여행 또는 이사, 어려움의 극복

<u>역방향</u> 정체(停滯), 궁지, 오래된 행동 양식, 습관, 발전할 수 없음

## 검 7 *SEVEN OF SWORDS*

<u>정방향</u> 사기와 속임수 혹은 창의적인 모험을 상징하는 모순된 카드, 자신의 능력을 과신하다가 실패할 수도 있고 혹은 자신의 기지를 발휘해 승리할 수도 있음

<u>역방향</u> 불확실성, 나쁜 행동이 처벌받고 정의가 펼쳐짐

## 검 8 *EIGHT OF SWORDS*

<u>정방향</u> 일시적인 고립, 감금, 병으로 움직이지 못함, 금지, 우울, 무기력

<u>역방향</u> 안도, 자유, 터널 끝의 빛

### 검 9 NINE OF SWORDS

<u>정방향</u> 걱정, 근심, 불안한 정신 상태를 나타내기 때문에 때때로 이 카드는 '악몽 카드'로 불림, 절망, 비참함

<u>역방향</u> 부끄러움, 스캔들, 소문

### 검 10 TEN OF SWORDS

<u>정방향</u> 개인의 성장—정서적 고통을 수반할 수 있는 과정—과 치유를 위해 과거를 내려놓음, 용서

<u>역방향</u> 일시적인 소득, 찰나의 성공, 상황이 조금 개선됨

## 검의 시종 KNAVE OF SWORDS

검의 시종은 공작새 깃털
모자를 쓰고 갑옷을 입고 있다.
오른손에는 검을 들었지만
위협적이지 않다. 그 끝이 땅을
향하게 한 채 우아한 포즈를
취하고 있다.

<u>정방향</u> 정신적인 모험가, 지적인
견해에 관심이 많은, 통찰력이
강한, 통찰력 있는, 숨은 의미를
발견할 수 있는, 조심스러운,
경계하는, 적응력 있는, 스파이로
제격인, 이 카드는 중요한 정보나
서류가 다가오고 있음을 나타낼
수도 있다. 대립이 일어날 수도
있다는 힌트.

<u>역방향</u> 사기꾼, 예측하지 못한 힘들에 대처할 수 없음, 주변에 있는 카드에
따라서 곧 질병에 시달리게 됨을 나타낼 수도 있음

106

## 검의 기사 KNIGHT OF SWORDS

갑옷을 입힌 백마에 올라앉아
있는 검의 기사는 무적(無敵)의
상징이다. 검의 시종처럼
이 기사도 갑옷으로 전신을
무장하고, 르네상스 시대에
긍지의 상징이었던 공작새
깃털로 덮인 모자를 썼다. 기사는
왼쪽(악마의 방향) 얼굴이 보이는
자세로 오른손으로 검을 들어
올리고 있다. 그의 위엄 있고
침착한 태도는 그가 언제나 잘
싸울 수 있다고 믿어도 좋지만
사소한 일로 그를 끌어들이면 안
된다는 것을 뜻한다.

정방향 용맹과 영웅주의, 갑작스런
변화나 위험 부담의 신호일 수도 있음

역방향 수동적임, 무책임함, 자만함

## 검의 여왕 QUEEN OF SWORDS

검의 여왕은 왕관을 썼으며
양팔에 팔꿈치 위까지 올라오는
곤틀릿Gauntlet을 끼고 앉아 있는
옆모습으로 그려져 있다. 또
순결의 상징인 흰옷을 입고
있다. 르네상스 시대의 이탈리아
대학에서 하얀색은 인문학의
상징이기도 했다. 오른손으로는
검을 잡아 어깨에 올려두었으며,
왼손으로는 마치 인사를 하는
듯한 포즈를 취하고 있다.

정방향  현명함, 지각 있음,
독립적임, 잠시 행복을 맛보았지만
이제는 슬픔으로 가득 찬, 혹독한
교관, 혹은 애정을 표현하지 못하는, 이 카드는 순간적인 행복을 의미한다.

역방향  완고한, 거짓의, 책임 회피, 연인(가족)을 소홀히 함

# 검의 왕 KING OF SWORDS

검 슈트의 다른 세 궁정
카드처럼, 검의 왕은 갑옷을 입고
왕관을 썼으며, 커다란 검을
들고 있다. 슈트의 왕 중에서
유일하게 방패를 가지고 있다.
방패에는 후광이 빛나는 사자가
책을 들고 있는 모습이 장식되어
있다. 이 사자는 한때 스포르자의
지배하에 있던 베네치아의
문장이다.

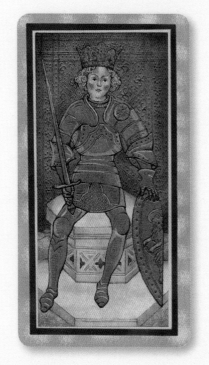

<u>정방향</u> 법이나 군대(혹은 상급
교육 기관)에서 직업상 정점에
도달한 권위 있는 계급을 가짐,
분석적인, 혁신적인 계획과 뛰어난
아이디어로 가득함

<u>역방향</u> 이기적인, 횡포한, 위험한

## 장대 슈트 THE BATONS SUIT

시골이나 농사와 연관 지어 해석되던 장대 슈트는 현대에는 좀 더 폭넓게 해석된다. 오늘날 이 슈트는 리더십, 혁신 그리고 비즈니스의 문제에 관계된 의사소통과 관련된다. 첫 다섯 개의 숫자 카드에서는 검 슈트에서처럼 비스콘티의 모토인 '아 봉 드루아à bon droyt'가 적힌 스크롤이 장대를 감싸고 있다. 이 라틴어의 의미는 '정정당당하게'라는 뜻이다.

### 장대 에이스 ACE OF BATONS

<u>정방향</u> 무언가 새로운 시작에 대한 상서로움을 암시하는 카드, 임무를 성공적으로 완수, 행운, 번영

<u>역방향</u> 결과의 불확실성, 실패한 야심, (일정, 규모, 예산이) 줄어든 계획

### 장대 2 TWO OF BATONS

<u>정방향</u> 어른스럽고 지배적인 인물, 높은 에너지, 긍정주의, 결단과 노력을 통해 목표를 달성함

<u>역방향</u> 슬픔, 역경, 예기치 못한 패배

### 장대 3 THREE OF BATONS

<u>정방향</u>  힘, 비즈니스 기술, 삶에 유용한 지혜

<u>역방향</u>  비현실적인 기대, 낭비된 꿈, 저의가 있는
조력자들에 대한 경고

### 장대 4 FOUR OF BATONS

<u>정방향</u>  기념이 될 만한 중요한 사건, 성취와 보상, 최근
풍요롭고 가정이 평안함, 서약

<u>역방향</u>  불확실, 보상 지연, 축하할 일이 보류됨, 관계의
균열

### 장대 5 FIVE OF BATONS

<u>정방향</u>  경쟁과 투쟁, 혹은 스스로를 위한다면 떨치고
일어서야 한다는 신호, 장애의 극복을 통해서만 성장이
이루어진다는 암시

<u>역방향</u>  활동 부족, 사소한 다툼, 내분, 우유부단함에
대한 경고

### 장대 6 SIX OF BATONS

<u>정방향</u> 좋은 소식의 전조(前兆), 승리를 이루었고 성취에 대한 보상도 함께 도착함

<u>역방향</u> 공포, 걱정, 배반

### 장대 7 SEVEN OF BATONS

<u>정방향</u> 역경을 딛고 성공함, 희박한 확률을 깨려고 노력해야 함을 암시

<u>역방향</u> 결단력 부족, 망설임, 걱정하느라 행동하지 못함

### 장대 8 EIGHT OF BATONS

<u>정방향</u> 민첩함, 갑작스런 전진, 충동적인 결정을 내림, 혹은 한눈에 사랑에 빠짐

<u>역방향</u> 질투, 가족 분쟁, 지연, 무기력함

## 장대 9 NINE OF BATONS

<u>정방향</u> 목표를 달성함, 쉬면서 성찰하고 과로로 인한 피로에서 회복할 시간, 수비를 멈추고 긴장을 풀 필요가 있음

<u>역방향</u> 장벽과 방해물이 어렴풋이 보임, 혹은 질병

## 장대 10 TEN OF BATONS

<u>정방향</u> 소심한 성격, 목표를 향해 투쟁함, 책임감 때문에 손해를 봄

<u>역방향</u> 비관주의, 기만적인 전략

## 장대의 시종 KNAVE OF BATONS

등을 돌리고 있는 옆모습으로
그려진 장대의 시종은 테두리가
털로 장식된 짧은 케이프를 두르고
양 끝에 피니얼 장식을 한 장대를
들고 있다. 케이프의 줄무늬
사이로는 눈부신 광채를 뿜는
비스콘티의 문장이 보인다.

<u>정방향</u> 믿을 수 있고 충성스러운
측근, 새로운 아이디어가 넘치는
외향적인 사람, 로맨스나 우정에
있어서 상서로운 카드

<u>역방향</u> 믿을 수 없는 사람, 나쁜
소식을 전하는 자, 우유부단한 성품

## 장대의 기사 KNIGHT OF BATONS

옆모습으로 그려진 장대의 기사는
비스콘티 가문을 상징하는 빛나는
광선을 뿜는 태양과 문장을 새긴
갑주를 입힌 말을 탄 모습이
두드러져 보인다. 말이 앞다리를
든 채 뒷다리만으로 서 있는
것으로 보아 장대의 기사는 기백이
넘치는 그의 말을 잘 통제하고
있는 것처럼 보인다.

<u>정방향</u>  여행 혹은 거주지의 변화,
열광, 모험심

<u>역방향</u>  마찰, 관계가 깨어지거나
방해 받음

# 장대의 여왕 QUEEN OF
BATONS

장대의 여왕은 왕좌에 다리를
벌린 채 편안히 앉아 있다.
긴 소매가 달린, 부드럽게
흘러내리는 우아한 엠파이어
드레스를 입고 있다. 드레스 앞
보디스bodice(끈으로 조이는 여자
조끼) 아래로 비스콘티 가문을
나타내는 문장의 상징물인
빛나는 태양과 새의 둥지를 볼
수 있다.

정방향 외향적인, 사랑스러운,
인정 많은, 우아한, 매력적인,
편협하지 않은, 타인에게 관심이
있는

역방향 변덕스러운, 질투하는, 기만적인, 바람이 난, 고집스러운

## 장대의 왕 KING OF BATONS

장대의 왕은 육각형 왕좌에 앉아
있는데, 이는 현실과 영적인
문제 모두에 관심을 두고 있음을
나타낸다. 얼굴은 완벽하게
정면을 향하고 발목을 꼬고 앉은
그는 장대의 여왕처럼 한 손에는
권위의 상징인 홀을, 다른 손에는
왕실 지휘봉을 들고 있다.
그의 의상에는 비스콘티 문장의
상징물인 새 둥지와 태양 광선이
표현되어 있다.

정방향  자신감 있는, 성숙한,
성공적인, 부성과 낙관론의 결합,
관대한 성품

역방향  독단적인, 미숙한, 충동적인

## 동전 슈트 THE COIN SUIT

동전 슈트는 현실 세계에서의 물질적 기쁨을 나타낸다. 다시 한번
비스콘티의 모토인 '아 봉 드루아à bon droyt'(라틴어로 '정정당당하게'라는
뜻)가 스크롤에 나타난다. 이 스크롤은 동전 슈트에서는 두 번째
카드부터 다섯 번째 카드에 등장하고 3번째와 4번째 카드에는 두
개씩 등장한다. 동전은 비스콘티 가문의 상징적인 태양을 모티브로
그려졌다.

### 동전 에이스 ACE OF COINS

<u>정방향</u> 새로운 기회를 따르거나 새로운 모험을 위한
길조(吉兆), 풍부함, 임금 인상, 영적인 보물

<u>역방향</u> 부유함에서 기쁨을 얻지 못함, 기금 낭비, 자금이
모자라서 지연됨

### 동전 2 TWO OF COINS

<u>정방향</u> 경력—직업 오퍼—대학 혹은 관계의 여러 가지
대안 중 선택을 나타냄, 균형을 잡기 위해 허우적거림

<u>역방향</u> 동시에 여러 가지 일을 함, 너무 많은 선택지에
억눌림, 초점을 못 맞춤

### 동전 3 THREE OF COINS

<u>정방향</u> 통달과 완성, 삶에 대한 배움을 비롯한 자기 계발 계획을 실천하거나 새로운 것을 배우는 데 있어서 좋은 카드

<u>역방향</u> 시간과 에너지 낭비, 전문 지식 부족, 난잡함, 부주의, 조악함

### 동전 4 FOUR OF COINS

<u>정방향</u> 돈과 위험 부담에 있어서 보수적인 태도, 비축물과 인색함-물질적인 부를 바탕으로 자기 가치를 평가하는 것을 뜻할 수도 있다

<u>역방향</u> 관대함, 돈에 후함, 자유로움

### 동전 5 FIVE OF COINS

<u>정방향</u> 재정적인 어려움과 재정 상황으로 인한 스트레스, 물질적으로 부유한 타인에 대해 연민을 가지는 정신적인 풍요로움

<u>역방향</u> 변화가 수평선에 걸려 있으며 기회, 새 모험, 새로워짐을 가지고 옴.

### 동전 6 SIX OF COINS

<u>정방향</u> 인접하여 배치된 카드에 따라 의미가 크게
달라진다, 변화, 재정적 안정, 친절함, 너그러움

<u>역방향</u> 깨어진 관계, 이기심, 분수에 넘치는 생활을 함,
절약하지 않음

### 동전 7 SEVEN OF COINS

<u>정방향</u> 독창성, 현명한 계획, 노력의 보상, 안정, 성찰

<u>역방향</u> 재정적 손실, 걱정, 불안정

### 동전 8 EIGHT OF COINS

<u>정방향</u> 숙련된 노동자, 깊은 헌신, 장인 정신,
견습직이거나 기꺼이 일하고 배움, 일을 잘해서 기쁨

<u>역방향</u> 최소한의 노력, 군기가 빠진, 고리 대금, 음모

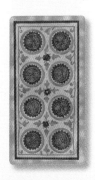

## 동전 9 *NINE OF COINS*

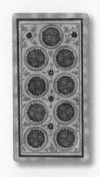

<u>정방향</u> 자신감, 판단의 자유, 안전, 편안함, 안정성

<u>역방향</u> 위협과 위험, 미완성, 유산


## 동전 10 *TEN OF COINS*

<u>정방향</u> 가정의 번영, 사업의 성공

<u>역방향</u> 위험한 투자, 나쁜 확률

## 동전의 시종 KNAVE OF COINS

얼굴의 왼쪽 면이 보이게 그려진
동전의 시종은 큰 깃털이 달린
모자를 쓰고 있다. 시종은
커다란 금화를 가슴 위까지 들고
있는데 마치 금화의 아름다움을
음미하고 감탄하는 것처럼
보인다. 그가 입은 외투의 패턴은
동전 슈트의 다른 궁정 카드들의
옷의 패턴과 짝을 이루고 있다.

<u>정방향</u>  학구적인, 사려 깊은,
실용적인, 깊게 집중할 수 있는,
지식에 대한 깊은 호기심과 갈망,
역경을 두려워하지 않는

<u>역방향</u>  미성숙, 실행과 완수를
못함, 비실용적인, 건전한 재정
계획을 세우지 못함

## 동전의 기사 KNIGHT OF COINS

동전의 기사는 오리지널
비스콘티-스포르자 덱에서
유일하게 유실된 궁정 카드이다.
지금의 카드는 오리지널 카드를
대체한 것으로, 잔의 기사를
반전(反轉)시키고 잔을 동전으로
바꾸었으며 외투의 비스콘티
태양 패턴을 푸른 리본과 섞어 짠
패턴으로 재현한 것이다.

<u>정방향</u> 수입에 관해 좋은 소식,
성숙한 인물, 책임감 있는,
믿음직한, 계획적인(체계적인)

<u>역방향</u> 게으른, 동기가 없는,
냉담한

## 동전의 여왕 QUEEN OF COINS

오른쪽 무릎 위에 커다란 금화를
올린 동전의 여왕은 자신감 있는
모습으로 얼굴 왼쪽(불행의 방향)
면을 보이게 앉아 있다. 여왕의
가운은 다른 궁정 카드의
인물들이 입은 것과 비슷하다.
푸른 리본이 비스콘티 태양들을
감싸고 있는 디자인으로 직조
되어 있다.

<u>정방향</u> 자신을 잘 돌봄, 풍족하고
안전함, 삶에 만족, 고귀함,
너그러움, 이 카드는 자기 자신을
믿고 자신의 능력과 지식을
이용함으로써 바라던 이득을 얻게
할 것이라는 것을 나타낸다.

<u>역방향</u> 불신, 무관심한

## 동전의 왕 KING OF COINS

동전의 왕은 발목을 교차시킨
자세로 정면을 보고 앉아 있다.
그가 입은 짧은 로브에는 다른
궁정 카드의 옷들처럼 비스콘티
태양들을 진한 파란 리본과
엮어서 만든 육각형 패턴이
보인다. 역시 비스콘티 태양이
새겨진 커다란 금화를 왼쪽
무릎 위에 올리고 왼손으로
잡고 있다.

<u>정방향</u> 경험 많은 지도자, 현실에
기반을 둔, 실용적인, 보수적인,
상당한 부를 획득한 사업가나
성공한 전문가를 나타내기도 한다.

<u>역방향</u> 돈을 원하지만 돈을 벌기 위해 일하기는 싫은 모험가

CHAPTER 6

# 타로 여정

THE TAROT JOURNEY

"내용 없는 사고는 공허하고
개념 없는 직관은 맹목적이다. 이해는 어떤 것도
직관해 낼 수 없으며 감각은 아무 생각도 할 수 없다.
그 결합을 통해서만 지식이 발생한다."

— 임마누엘 칸트Immanuel Kant —

당신은 영혼의 성찰을 목적으로 하는 내면의 여행을
막 떠나려는 참이다. 그것은 당신의 일부이며
직관이라고도 알려져 있는, 성찰한 영혼이 가장
현명한 결정을 하도록 당신을 이끌 것이다.
타로 리딩의 궁극적인 목적은 당신의 직관이 자리하고 있는
무의식으로부터 의식을 분리하는 것이다. 현명하게 사용한다면, 타로
카드는 축적된 무의식(혹은 우주의 지식의 보고이자 우리 모두의 일부분인
세계의 영혼)을 두드리는 촉매로서의 역할을 할 수 있다. 당신의 타로
카드가 무의식 세계의 출입문(portal)이며 타로 이미지들은
그 열쇠라고 생각해 보라.

---

**왼쪽 그림** 비스콘티-스포르자 덱의 전차(Chariot) 카드 중 일부분.

오랜 세월 동안 타로는 점을 치는 용도로 사용되었다. 하지만 부정확하게 미래를 예언할 뿐이었다. 타로 리딩의 더 적합한 목적은 내면의 지혜를 통해 당신의 능력을 최대한으로 이용할 수 있게 돕는 것이다. 한 인간의 타로에 대한 반응은 철저하게 개인적인 것이다. 그래서 카드들과의 관계를 발전시키려면 인내가 필요하다. 타로 이미지들이 점차 당신의 정신에 각인되고, 당신은 점점 이미지들의 의미에 익숙해지는 것을 알게 될 것이다.

타로 여행의 속도를 높일 수 있는 유용한 힌트를 몇 개 알려주겠다. 우선 카드의 이미지와 상징에 익숙해져야 한다. 각 트럼프 카드는 여러 겹의 의미를 가지고 있다는 것을 기억하라. 카드와 시간을 더 많이 보낼수록 카드가 지니고 있는 미묘한 의미들을 알아차릴 것이다. 당신이 카드를 바라볼 때, 그들이 직관적인 반응을 끄집어낸다는 사실을 발견하게 될 것이다. 노트를 하나 준비해 그때 그 느낌들을 간략히 적어두는 것이 좋다.

카드와 친밀해지는 또 하나의 재미있는 방법은, 카드를 가지고 창의력을 발휘하는 것이다. 각 트럼프 카드를 당신이 아는 누군가와 연관 짓고 왜 그런지 이유를 간단히 적어보자. 또 궁정(Court) 카드와 트럼프trump, trionfi 카드를 당신이 파티에서 만나고 싶은 인물과 피하고 싶은 인물의 상반된 두개의 그룹으로 나눠보자. 그다음 그 이유를 메모하라.

당신의 캐릭터나 당신이 처한 특별한 상황과 가장 관계 깊은 카드를 골라보고, 왜 그 카드에 끌렸는지 적어볼 수도 있다.

시각화 훈련은 카드의 힘을 이용해 결정을 돕는 훌륭한 방법이다. 어쩌면 당신은 책임져야 할 일이 너무 많다고 느끼고 있을 것이다. 당신이 있어야 할 모든 장소와 해야 할 모든 일의 리스트를 만들어라. 시간을 들여야 하는 또 다른 요청을 수락하기 전에 조용하고 평화로운 장소를 찾아라. 정신적·시각적으로 산만한 요소들은 다 치워라. 그다음 덱에서 은둔자(Hermit) 카드(오른쪽 그림)를 꺼내라. 카드를 잘 살펴보고 노인의 이미지에 집중하라. 이제 모래시계에 집중하라. 이 시도가 문제를 해결할 균형감을 찾는 데 도움이 되었는가?

타로 카드를 섞는 방법이 따로 정해져 있지는 않다. 보통의 카드놀이를 할 때처럼 섞을 수도 있고, 플레이용 카드보다 타로 카드가 더 양이 많으니 테이블 위에 앞면이 바닥으로 가게 뒤집어 흩뿌려 놓은 다음 잘 섞일 때까지 손바닥으로 섞는 것을 더 좋아할 수도 있다. 경험 많은 타로 리더가 될 때까지는 타로 카드의 역방향 이미지들에는 신경 쓰지 않아도 된다. 정방향 포지션만으로도 풍부하게 의미 깊은 타로 경험을 할 수 있게 해주는 배열을 충분히 만들 수 있다.

리딩을 시작하기 전에 의도가 분명한 질문인지 체크한다. 질문은 구체적이고 명확할수록 더 좋다. '네' 혹은 '아니오'로 대답해야 하는 질문은 피하라. 예를 들어 "우리 관계에서 내가 알아야 할 필요가 있는 건 어떤 것일까요?"는 "파트너랑 헤어지게 될까요?"보다 더 좋은 질문이다. "승진할 가능성을 높이기 위해 나는 무엇을 해야 할까요?"는 "내가 승진할까요?"보다 더 좋다. "내 생활 방식을 이해하려면 무엇이 필요할까요?"가 "살이 빠질까요?"보다 더 좋은 질문이다.

이제까지 우리는 자아 탐구와 자기 계발의 도구로서 타로에 대해 이야기해 보았다. 이 작은 책은 타로에 관한 소개장에 지나지 않으므로 당신이 카드 및 그 의미에 아주 정통해질 때까지 자기 자신에게 집중해야 한다. 이어지는 페이지에는 타로 점에서 사용되는 신뢰할 만한 배열법이 수록되어 있다.

타로 리딩에서 모든 카드와 배열은 개개인의 해석에 많은 영향을 받는다는 것을 기억하자. 타로 해석에서는 옳은 방법도 틀린 방법도 없다. 똑같은 카드들로 똑같이 배열해서 전문 타로 리더들이 해석하더라도 리딩은 서로 다를 것이다.

카드가 개인적으로 당신과 어떻게 공명하느냐가 중요하다. 당신의 해석은 전적으로 당신의 특정한 경험, 성격, 신앙, 바람에 따라 달라진다.

## 세 장을 사용하는 스프레드 THE THREE-CARD SPREAD

세 장을 사용하는 스프레드는 초보 타로 리더를 위한 복잡하지 않은 배열법이다. 이 배열법에서는 먼저 카드가 무엇을 나타내면 좋겠는지 당신이 선택을 해야 한다. 질문자가 섞은 다음 세 장을 뽑아 왼쪽에서 오른쪽 순으로 내려놓는다. 다음은 리딩에서 초점을 맞출 몇몇 선택 사항 리스트이다.

- 과거, 현재, 미래

- 상황, 태도, 주요 요소

- 외부 조건, 현재 상황, 방해물

- 몸, 정신, 영혼

- 멈춤, 시작, 계속

- 당신, 나, 우리

위의 여섯 가지 선택 사항 중—두 번째: 상황, 태도, 주요 요소—에 초점을 맞춘 세 장을 사용하는 스프레드 리딩의 예를 살펴보자.

<u>고민</u>  최근에 사무실의 몇 사람이 해고되자 케빈은 직업을 잃을까 두렵다. 케빈은 자기 일을 좋아하고 승진하고 싶어서 초과 근무까지 해왔기에 스트레스를 받고 있다.

<u>그의 질문</u>  나는 현재 직장 상황과 관련하여 무엇을 알아야 하는가?

<u>Card 1, 상황</u>  첫 번째 카드로 케빈은 탑(Tower) 카드를 뒤집었다.
이 카드는 직장에 큰 변동이 있다는 그의 총평을 확인해 준다.

<u>Card 2, 태도</u>  이 자리에 케빈은 바보(Fool) 카드를 뒤집었다. 변화를
걱정하고 자신에 대한 확신이 없음을 나타내는 카드다.

<u>Card 3, 주요 요소</u>  이 자리에 케빈이 놓은 카드는 균형과 평정을 상징하는
정의(Justice) 카드다. 이 카드는 감정이 자신의 판단을 앞서지 않도록
노력해야 함을 나타낸다.

<u>결과</u>  케빈은 변화에 대한 두려움을 내려놓기로 했다. 현재 직장에서
계속 일하겠지만, 컴퓨터를 켜고 업데이트한 이력서를 보내 다른 회사를
찾는 일도 시작하기로 했다. 케빈은 긍정적인 방법으로 자신의 선택권을
사용하면서 낙관적인 미래를 시각화할 수 있었다.

이번에는 선택 사항 중 여섯 번째인 '당신, 나, 우리'라는 선택지에 초점을 맞춰 세 장을 사용하는 스프레드 리딩의 또 다른 예를 들어보겠다.

<u>고민</u>  고등학교 미술 선생님인 엘렌은 자신의 직업을 사랑하지만 가끔은 틀에 박힌 생활을 한다는 느낌이 든다.

<u>그녀의 질문</u>  나는 학생들과의 관계에 대해 무엇을 알아야 하는가?

<u>Card 1, 당신</u>  엘렌이 뒤집은 카드는 매달린 남자(Hanged Man)이다. 그녀는 (이 카드를 보고) 자기 학생들이 무기력한 상태이며, 판에 박힌 일과에 질렸고, 그녀의 교수법에 관심이 없다고 해석했다.

<u>Card 2, 나</u>  이 자리에 엘렌은 마법사(Magician)를 뒤집었다. 이 카드는 그녀가 수업에 재미를 더할 필요가 있고, 약간의 '마술'을 만들 만한 새로운 것을 시도해야 함을 의미한다.

<u>Card 3, 우리</u>  이 자리에 엘렌은 절제(Temperance) 카드를 뒤집었다. 그녀와 학생들의 관계에는 균형이 필요함을 의미한다.

<u>결과</u>  엘렌은 좀 더 창의적으로 접근하기로 결심했다. 그녀는 계속
테크닉을 가르칠 것이다. 하지만 일단 학생들이 기본을 습득했다는 것을
확인한 다음에는 고쳐주고 싶은 마음을 참고, 학생들이 규칙에서 벗어나
창의적인 충동을 자유롭게 펼치도록 격려하기로 했다. 절제(Temperance)
카드는 엘렌에게 건강한 균형이 그녀와 학생과의 관계를 더 행복하게
한다는 영감을 주었다.

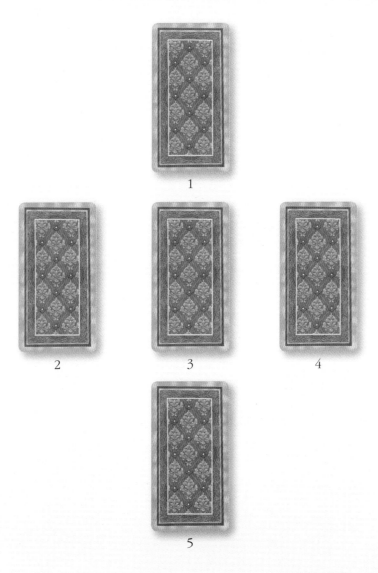

# 다섯 장을 사용하는 스프레드 THE FIVE-CARD SPREAD

행동 방침을 결정하는 데 도움이 되는 또 다른 배열법이다. 여러 가지 중에서 가능한 것을 고를 때, 질문자가 결정에 집중하고 있을 때 효과적이다.

Card 1, 현재/전반적 주제  현재를 다루며 리딩 전반의 주제를 이야기한다.

Card 2, 과거의 영향  여전히 영향을 행사하는 과거의 힘을 다룬다.

Card 3, 미래  질문자의 미래의 목표를 보여준다.

Card 4, 이유  질문자의 목표 달성에 장애물일 수도 있는 숨겨진 충동을 드러낸다.

Card 5, 잠재력  질문자가 행동 방침을 따를 경우의 잠재적인 결과를 가리킨다.

# 다섯 장을 사용하는 스프레드 리딩의 예

<u>고민</u> 에릭은 자신이 사랑에 빠졌다고 생각했던 여인과 만나왔다. 최근에 에릭은 무언가 잘못되었음을 느꼈다. 둘의 관계에서 열정이 사라져버렸다. 에릭은 서로가 끌리게 되었던 열정의 불꽃을 다시 일으키고 싶어 하는데 상대방은 노력하지 않는 것처럼 보인다. 에릭은 여자가 새로운 다른 사람에게 관심을 가지고 있는 게 아닌지 의심스럽다.

<u>그의 질문</u> 나는 여자 친구와 현재의 관계에 대해서 무엇을 알 필요가 있나?

*Card 1, 현재/전반적 주제* 전차(Chariot) 카드가 나타난다. 이것은 두 방향으로 끌려가는 에릭의 현재 상황에 잘 맞는다. 그의 마음은 한때 사랑했던 여인과 함께 있으라고 우기고, 그의 머리는 그들의 관계가 이미 부서졌다고 말한다.

<u>*Card 2, 과거의 영향*</u> 여기서 잔 8 카드는 에릭이 오래전부터 두 사람의 관계에 문제가 있음을 알고 있었다는 것과 그 문제를 이미 돌이킬 수 없음을 깨달았다는 것을 가리킨다. 그는 움직일 생각이다.

**Card 3, 미래** 이 자리에 장대 4가 놓인 것은 에릭이 자기와 같은 마음인 여자와 로맨틱하고 평화로운 관계를 맺기를 바란다는 것을 드러낸다.

**Card 4, 이유** 여기서 잔 6 카드는 에릭이 과거에 집착하며 얻을 수 없는 것에 매달린다는 것을 암시한다.

**Card 5, 잠재력** 이 마지막 위치에는 장대의 퀸이 등장한다. 만일 에릭이 현재의 정체된 관계에 머물고 싶어 하는 욕망을 내려놓는다면 그의 인생에 새로운 사랑스럽고 자상한 여인이 나타날 것이라는 것을 암시한다.

**결과** 에릭은 여자 친구와 거리를 두기로 한다. 그는 자신이 관심을 갖는 것에 시간을 쓰고, 옛 친구를 만나고, 그녀가 포함되지 않은 계획을 세울 것이다. 이 냉각기가 관계를 끝내게 만든다면 에릭은 받아들이고 앞으로 나아갈 것이다.

# 켈틱 크로스 THE CELTIC CROSS

켈틱 크로스라고도 알려진 열 장을 사용하는 스프레드(ten-card spread)는 1800년대에 시작되었다. 다른 배열법보다 복잡하기 때문에 좀 더 단순한 배열들이 편안해질 때까지는 이 켈틱 크로스 리딩은 아껴두는 게 좋다.

*Card 1, 현재*  질문자의 현재 위치를 다루고 질문자가 살고 일하는 현실 상황에 대한 정보를 제공한다.

*Card 2, 상반되는 힘*  첫 번째 카드 위에 교차되어 놓이며 시험이나 방해를 나타낸다.

*Card 3, 목표*  리딩과 연관된 질문자의 잠재의식 속의 생각을 드러낸다. 질문자의 위에 놓이며 질문자의 리딩 목적을 가리킨다.

*Card 4, 과거*  질문자의 현재 상태에 보탬이 되었던 과거의 힘과 영향들을 설명한다.

*Card 5, 가까운 과거*  현 상황을 설명하는 데 도움이 될 수 있는 최근의 사건을 가리킨다.

*Card 6, 미래*  앞에 놓인 영향력의 범위를 드러낸다.

*Card 7, 조언*  질문자를 괴롭히는 현재의 두려움과 걱정에 대처하는 법을 설명한다.

<u>Card 8, 외부 요인</u>  타인이 질문자를 어떻게 바라보는지 나타낸다.

<u>Card 9, 내부 요인</u>  희망, 두려움, 걱정, 숨겨진 동기 같은 질문자의 심리 상태에 관련된 것을 나타낸다.

<u>Card 10, 결과</u>  다른 카드의 의미들과 함께 엮어서 결론을 도출한다. 결과가 바람직하지 못하다면 질문자는 리딩으로 얻은 지혜를 활용해서 앞으로 다가올 결과를 바꿀 수 있다.

# 켈틱 크로스의 리딩 샘플 SAMPLE READING OF CELTIC CROSS

<u>고민</u>  엘리자베스는 보수가 더 나은 직업을 제안 받았지만 이사를 가야 한다.

<u>그녀의 질문</u>  올바른 결정을 내리기 위해 나는 무엇을 알고 있어야 하나?

<u>Card 1, 현재</u>  장대의 기사 카드가 이 자리에 나타나는데 엘리자베스의 현재 상황에 딱 맞는다. 낯선 곳으로 여행을 떠나려 함을 암시한다.

<u>Card 2, 상반되는 힘</u>  동전의 왕 카드는 돈과 책임감을 나타낸다. 이 자리에 놓인 카드는 엘리자베스에게 돈 말고도 새로운 직업을 얻을 것이며 더 많은 책임을 져야 할 것이라고 말해 준다.

<u>Card 3, 목표</u>  동전의 여왕 카드는 부와 사치에 대한 엘리자베스의 무의식적 욕망을 드러낸다.

<u>Card 4, 과거</u>  잔의 여왕 카드는 엘리자베스가 과거에 연인을 헌신적으로 돌봤고, 자신보다는 그들의 행복을 우선으로 했다는 것을 나타낸다.

<u>Card 5, 가까운 과거</u>  검 3 카드는 엘리자베스가 이전에 제안 받은 자신의 커리어를 발전시킬 수 있었던 직업을 거절하면서 자신의 꿈을 미루어두었다는 것을 암시한다.

<u>Card 6, 미래</u>  잔 2 카드는 엘리자베스가 미래에는 좀 더 균형 잡힌 삶을 살 것을 가리킨다.

<u>Card 7, 조언</u>  달 카드는 엘리자베스가 무의식 안의 감정을 드러내
보인다면 그것들이 그녀에게 어떻게 앞으로 나아가는지 보여줄 것이라고
보여주고 있다.

<u>Card 8, 외부 요인</u>  잔의 왕 카드는 엘리자베스가 다른 사람이 보기에
친절하고 의지할 만한 사람임을 나타낸다.

<u>Card 9, 내부 요인</u>  이 자리에 있는 검의 에이스 카드는 권력과 성공에 대한
엘리자베스의 숨겨진 두려움을 드러낸다.

<u>Card 10, 결과</u>  장대의 왕 카드는 기업이나 사업에 연관된 상서로운 카드로
엘리자베스의 리더십과 의사 결정 능력을 확인시켜주며 다음과 같은
결과를 도출한다.

<u>결과</u>  만일 엘리자베스가 이제까지의 카드들 속에서 드러난 지혜에
유의한다면, 그녀는 타로 리딩을 통해 드러난 자신에 대한 진실을 발견할
것이다. 그녀는 자신의 리더십을 확신하고, 더 엄격한 요구 사항들을
받아들이는 방법으로 기꺼이 커리어를 발전시키기로 할 수도 있고, 어쩌면
지금까지 인정받지 못한―표현되지 않은―부에 대한 갈망은 책임을 더
지면서 시간을 희생할 가치가 없다고 결론 내릴 수도 있다. 이제 그녀는
내면의 욕망과 가능한 선택에 대해 더 명확한 그림을 갖게 되었다. 어떤
선택을 하든, 그 선택은 그녀가 스스로에 대한 자신감을 새롭게 하고
성숙해지도록 도울 것이다.

# 감사의 말

이 프로젝트를 돕고 조언해 준 로버트 M. 플레이스와 나를 연결시켜준 맨해튼의 왈드 앰버스톤 타로 스쿨에 감사를 전하고 싶다. 단언컨대 그는 가장 지성 있고 창의적인 타로 전문가이면서 국제적으로 잘 알려진 예술가, 작가, 사학자이다. 그가 이 책의 개요 및 초고의 리뷰를 수락한 일에 감사를 금할 길 없다. 나는 로버트 플레이스의 저서들을 깊이 신뢰하며, 특히 『The Fool's Journey and Tarot: History, Symbolism, and Divination (바보의 여정과 타로: 역사, 상징 그리고 예언)』은 내 연구에 바탕이 되었다. 또한 초고 편집을 도와준 린다 팔큰에게도 감사를 전한다.  -메리 패커드

참고 도서

• *Alchemy and the Tarot: An Examination of the Historic Connection with a Guide to The Alchemical Tarot* by Robert M. Place, Hermes Publications, 2012
• *The Complete Book of Tarot Reversals* by Mary K. Greer, Llewellyn Publications, 2002
• *The Fool's Journey: The History, Art, & Symbolism of the Tarot* by Robert M. Place, Talarius Publications, 2010
• *Seventy-Eight Degrees of Wisdom: A Book of Tarot* by Rachel Pollack, Weiser Books, 2007
• *The Tarot History, Symbolism, and Divination* by Robert M. Place, Tarcher, 2005
  *The Tarot Revealed: A Beginner's Guide* by Paul Fenton-Smith, Allen & Unwin, 2010

사진 출처

pp. 6–7, 11: De Agostini/Getty Images; p. 16: Alinari via Getty Images; p. 20: iStockphoto/Thinkstock; p. 23: Bibliotheque Nationale, Paris, France/Giraudon/The Bridgeman Art Library; p. 26: The Bridgeman Art Library/Getty Images; pp. 28–29: APIC/Hulton Archive/Getty Images; p. 33: Allen Memorial Art Museum, Oberlin College, Ohio/Gift of Robert Lehman/The Bridgeman Art Library; p. 35: Time & Life Pictures/Getty Images; p. 39: Palazzo della Ragione, Padua, Italy/The Bridgeman Art Library